LAURO BRAGA

AUTOR DO *CASE* DE **R$ 50 MILHÕES** EM **10 DIAS**

A ARTE DE VENDER IMÓVEIS PARA INVESTIDORES

MANUAL DEFINITIVO DO VENDEDOR DE ALTO PATRIMÔNIO

EDITORA CHAVE MESTRA®

EDITORA
CHAVE MESTRA®

Av. Marcos Penteado de Ulhoa Rodrigues,
1119 – Tamboré, Alphaville – SP,
Ed. Office Shopping Tamboré –
Andar 21 – Sala Chave Mestra
CEP: 06460-040
@editorachavemestra
editora@editorachavemestra.com.br
www.editorachavemestra.com.br

Título original em português:

A arte de vender imóveis para investidores

Manual definitivo do vendedor de alto patrimônio

DIREÇÃO EDITORIAL
Raquel Medeiros

COORDENAÇÃO EDITORIAL
Bartira Costa Neves

EDITORIA
Renata Acácio Rocha

EDITORIA JR.
Larissa Robbi Ribeiro

ASSISTÊNCIA EDITORIAL
Amanda Karine Grossel
Eloiza Andrade
Flávio Alfonso Jr.

REVISÃO
Cintia R. M. Salles
Luiza Tenuta

DIAGRAMAÇÃO E PROJETO GRÁFICO
Daniel Marchesani

CAPA
Lucas Martins

Dados Internacionais de Catalogação na Publicação (CIP)

Braga, Lauro

B813 A arte de vender imóveis para investidores: manual definitivo do vendedor de alto patrimônio / Lauro Braga – Barueri, SP: Chave Mestra Editora, 2025. 176 p.: 16 x 23 cm

ISBN 978-65-5496-130-1

1. Venda de imóveis. 2. Mercado imobiliário – investimentos.
3. Negociação com investidores. 4. Corretores de imóveis – técnicas de vendas.
5. Investidores de alto patrimônio. I. Título.

CDD 158.1

LAURO BRAGA

AUTOR DO *CASE* DE **R$ 50 MILHÕES** EM **10 DIAS**

A ARTE DE VENDER IMÓVEIS PARA INVESTIDORES

MANUAL DEFINITIVO DO VENDEDOR DE ALTO PATRIMÔNIO

DEDICATÓRIA

Para minha família,
meus motivos.

SUMÁRIO

PREFÁCIO

Em 2015, quando lançamos o Edifício Promenade, não imaginávamos que aquele seria o primeiro capítulo de uma história que se tornaria referência em inovação, confiança e sucesso imobiliário. Naquela época, o mercado ainda se recuperava de uma de suas maiores crises, e nós, na Placic, buscávamos mais do que vender unidades; queríamos encontrar parceiros que entendessem o verdadeiro valor do que estávamos construindo. Foi assim que conhecemos Lauro Braga.

Na época, um jovem inquieto, visionário e recém-ingressado no mercado como corretor, Lauro enxergava o setor com um olhar completamente diferente. Onde muitos viam apenas tabelas e produtos, ele via potencial, dados, comportamento e, acima de tudo, pessoas. O Promenade foi o primeiro passo. A venda não foi fácil, o cenário era desafiador, mas a forma como ele encarou o processo nos chamou a atenção: havia estudo, método e uma vontade incansável de fazer diferente. E fez.

Quatro anos depois, com mais maturidade de ambos os lados, lançamos o Promenade II. Ali já se via com clareza que o setor imobiliário estava diante de uma nova forma de vender imóveis: mais inteligente, conectada ao investidor e comprometida com resultados reais. O sucesso não foi por acaso: foi construído com dados, com respeito ao ciclo do mercado e, principalmente, com parceria verdadeira.

Em 2022, o Promenade III se tornou um *case*. Em apenas noventa dias, o produto estava vendido, e não apenas porque era um bom empreendimento, mas porque foi colocado nas mãos certas, que sabiam exatamente a quem, quando e como vender. Em 2023, o Edifício Spot Ponta Verde foi a consagração do nosso modelo: 100% vendido em trinta dias. Um marco. Resultado que só foi possível porque, ao longo de uma década, a confiança foi sendo construída, dia após dia, projeto após projeto.

Este livro, *A arte de vender imóveis para investidores*, não é apenas um manual; é também um registro vivo daquilo que vivenciamos e colocamos em prática. Aqui estão os bastidores de uma parceria que, mais do que comercial, é humana. Lauro Braga não fala de teoria, ele fala da vida como ela é; dos ciclos que enfrentamos juntos; dos erros que corrigimos; dos acertos que comemoramos; dos aprendizados que compartilhamos. É exatamente por isso que esta obra carrega tanto valor: ela nasce da prática, da coragem de inovar e da humildade de aprender.

Em nome das Construtoras Placic e TPH, tenho orgulho em dizer que somos parte dessa história; mais do que isso, acreditamos nela. Seguimos juntos, construindo não só edifícios, mas também confiança, respeito, segurança jurídica e uma nova forma de pensar o mercado imobiliário. Que os próximos dez anos sejam ainda mais prósperos, com a certeza de que, ao lado de parceiros como a Jarvis, o caminho será sempre de evolução.

Boa leitura.

Tiago Fernandes

Diretor comercial das Construtoras Placic e TPH

Aqui estão os bastidores de uma parceria que, mais do que comercial, é humana.

INTRODUÇÃO

Hoje é o seu dia de sorte, porque você está prestes a conhecer o caminho das pedras para, como eu, atingir alta *performance* vendendo imóveis para investidores. Sou nascido, criado e atuo em Maceió, no estado de Alagoas, e já fui como você. Já enfrentei dificuldades, migrei de carreira e quebrei a cabeça para encontrar soluções que me levariam a alcançar minhas metas profissionais.

Minha trajetória empreendedora, no entanto, vem desde a escola. Antes de entrar no mercado imobiliário, por exemplo, passei por uma incubadora tecnológica. As minhas tentativas de empreender, de tentar fazer diferente, foram as experiências que moldaram minha abordagem nos negócios. Sempre sofri pressão da família para seguir carreiras tradicionais, mas me mantive firme na decisão de escolher o empreendedorismo, e hoje sou CEO da Jarvis Inteligência Imobiliária. Nas páginas a seguir, vou mostrar as pedras que usei para pavimentar o caminho que me trouxe até você por meio deste livro. Seja bem-vindo!

Primeiro, você aprofundará seus conhecimentos a respeito do mercado imobiliário. Para isso, percorreremos os ciclos, as características, a periodicidade, as vantagens e as desvantagens desse setor. Você aprenderá sobre o comportamento das construtoras e dos clientes, a fim de encontrar a melhor forma de agir, e perceberá como o investimento em imóveis deve ser comparado com os financeiros de renda fixa.

Mostrarei, ainda, que para cada ciclo há um *marketing* específico, com estratégias direcionadas. Por meio das noções de **Perfil de Cliente Ideal** (PCI) e da Pirâmide de Vendas, você entenderá por que determinadas ações de *marketing* já não convertem e conhecerá aquelas que estão dando resultado.

Há um capítulo totalmente dedicado aos pilares fundamentais que os imóveis devem atender para, de fato, tornarem-se produtos que o ajudarão a atingir alto desempenho em vendas. Esses pilares são as armas com as quais você enfrentará as batalhas do seu cotidiano profissional e da sua empresa. Eles lhe darão segurança para trabalhar, pois agregam características assertivas ao seu produto, baseadas em conhecimento jurídico, de mercado, de economia e de administração, que não deixarão dúvidas sobre a qualidade do que você oferece aos seus clientes.

Temos, então, os dois capítulos finais, voltados às estratégias para montar sua base de clientes e abordá-la no lançamento de um empreendimento. Esses capítulos apresentarão as melhores formas de comunicação de acordo com o momento. Tratarei do seu posicionamento nas redes sociais e da sua imagem como especialista, com referências para você se inspirar. Também trago exemplos práticos de como criar os gatilhos certos para atrair clientes para o seu campo de ação, visando o fechamento de vendas.

Todos esses conteúdos foram testados e validados no dia a dia da Jarvis e dentro da nossa metodologia dos códigos do retorno. Meu objetivo principal é mostrar para você como se destacar dos demais, estimulando uma maneira inovadora e fora da curva de pensar o atendimento ao seu cliente. Lembre-se de que, quanto melhor for a experiência do cliente, mais alta será a sua *performance*. Vamos ao trabalho!

Todos esses conteúdos foram testados e validados no dia a dia da Jarvis e dentro da nossa metodologia dos códigos do retorno.

1

COMO TUDO COMEÇOU

Por que não criar um treinamento para ensinar corretores a vender utilizando o Facebook de forma profissional e com anúncios patrocinados? Na época, usar redes sociais era uma questão de configurar o perfil do Facebook. O Instagram ainda não estava no radar como uma rede social profissional, o que só veio a acontecer depois de 2016. Eu tinha uma empresa de *marketing* que já prestava serviços para imobiliárias, e achei que não seria difícil montar esse curso. Fiz um teste, mas não fiquei satisfeito. Foi aí que aconteceu a primeira virada.

Decidi eu mesmo fazer um curso de corretagem e me tornar corretor para, só depois, lançar o treinamento. Eu queria conhecer mais profundamente o mercado, entender se era aquilo mesmo que eu queria vender num treinamento, se as técnicas aprendidas funcionariam na prática. Finalizado o curso, comecei um estágio numa das minhas clientes imobiliárias sob o seguinte acordo: eu aplicaria as técnicas que pensava em ensinar no treinamento, sem custo para o dono; em contrapartida, atenderia todos os *leads* gerados por essas ações.

Em 2015, quando fiz meus primeiros plantões de fim de semana, o domínio ainda era do caderno de classificados dos jornais impressos. Com isso, falar de internet era muito novo, principalmente em se tratando do mercado de Maceió, um estado pequeno, onde as coisas demoram um pouco mais a acontecer se compararmos com outras praças, como São Paulo, Rio de Janeiro e Minas Gerais. Mas, em seis meses de trabalho, gerei 265 mil reais em comissões. Foi quando decidi investir fortemente nessa nova esfera. Então, em mais seis meses, fechei a agência e passei a focar 100% na corretagem. Desisti do treinamento para corretores e iniciei minha trajetória no mercado imobiliário.

Como nem tudo são flores, é preciso lembrar que mergulhei de cabeça nesse novo desafio no ano de 2015, no meio da crise imobiliária. Estávamos no segundo governo de Dilma Roussef, a Copa do Mundo de Futebol Masculino havia acabado de acontecer, ainda sentíamos a reverberação das manifestações de junho de 2013 e o clima no país não estava bom. Nesse contexto, comecei o estágio na corretagem emjaneiro de 2015, peguei minha carteira do CRECI (Conselho Regional de Corretores de Imóveis) em março e, em outubro, a imobiliária em que eu trabalhava fechou. Nesse momento de susto, em vez de ir para o mercado como autônomo, com a mente empreendedora que tenho, resolvi abrir a minha própria empresa. Resolvi arriscar.

Imagine: uma crise instalada, talvez uma das maiores que o mercado imobiliário brasileiro já tenha enfrentado, e eu resolvo abrir uma imobiliária.

Contava apenas dez meses de corretagem e me achei seguro o suficiente para iniciar essa operação.

E assim passei os anos de 2016, 2017 e 2018. A crise arrefeceu e, em 2019, o mercado começou a se recuperar. Mas 2020 chegou trazendo outra crise, dessa vez sanitária, a pandemia de covid-19. No pós-pandemia, por volta de 2021, percebi que os negócios estavam estagnados, e eu não estava conseguindo colocar em prática processos e velocidade comercial. Nesse mesmo período, adoeci com um caso grave de covid e fiquei um bom tempo parado. E, porque eu parei, os negócios simplesmente pararam também. Então, tive um *insight*: eu não tinha uma empresa, tinha um emprego. Porque o negócio dependia de mim — não podia ficar doente, não podia viajar, não podia tirar férias.

Quando saí do hospital, recuperado da covid, a primeira coisa que fiz foi procurar estudar e fazer novos treinamentos para desenhar processos que permitissem à imobiliária andar sem depender tanto de mim. Ainda no primeiro semestre de 2021, voltei para o meu negócio e comecei a implantar todos os processos possíveis. A roda voltou a girar, e a empresa ficou "redondinha".

O comercial, no entanto, não estabilizava, vivia oscilando. Então, eu saía um pouco dos processos, voltava para o time comercial e a área voltava a andar, mas, nessas idas e vindas, eu perdia a mão dos processos. Fiquei um período pulando de um departamento para o outro. Ainda bem que, naquela época, tudo o que era colocado no mercado imobiliário era vendido com facilidade. Até produto ruim se vendia, assim como imóveis mal localizados e mal precificados. Era claramente um momento de *boom*, de expansão.

Só que eu enxergava um pouco de ilusão nessa bonança e dizia para mim mesmo que aquele cenário não iria se sustentar. As pessoas estavam comprando com a memória de uma "valorização assustadora". Você comprava um apartamento por 200 mil reais e, daqui a pouco, o mesmo imóvel estava valendo 300, 400 mil. Aquilo estava me deixando inquieto, e passei a pensar em algo novo para trazer ao mercado: um formato de trabalho, uma metodologia de ação. Foi aí que, em 2022, convidei um sócio que pudesse ser minha dupla para equilibrar o trabalho. Enquanto um estivesse no comercial, o outro focaria nos processos. Assim nasceu a Jarvis Inteligência Imobiliária.

Nesse segundo momento como empreendedor do mercado imobiliário, eu e meu sócio decidimos nos concentrar em imóveis para investimento e, para isso, tivemos que aprender a falar a língua do investidor. Essa é uma abordagem bem específica do mercado, porque não envolve o conceito mais usual de moradia, por exemplo, que tem outro público, com mentalidade subjetiva, e exige de nós, corretores, outra forma de analisar a decisão de compra. Portanto, estou falando de números, de mentalidade objetiva, do que importa para investidores e dos pilares que os imóveis precisam atender para serem comprados.

A primeira coisa que se deve ter em mente quando se trata de imóveis é que o mercado imobiliário é cíclico. Tudo o que acontece dentro desse mercado se repete em um determinado período. O que aconteceu na expansão entre 2008 e 2011 foi praticamente a mesma coisa que aconteceu na expansão de 2021. E, entre esses dois momentos de expansão, aconteceram os períodos de recessão e de recuperação. Os ciclos de crise e de expansão sempre virão, e o mercado terá ciclos de recuperação e estabilização entre esses dois momentos.

Um imóvel é um investimento de médio prazo. Sendo assim, não devo prometer para o meu cliente rentabilidades que fujam do meu controle nem valorizações que estejam completamente fora do escopo. Diante disso, o importante é entender que o ciclo próprio ideal de um imóvel dura em torno de dez anos. Isto é, em dez anos, provavelmente esse imóvel já passou por todos os **ciclos do mercado imobiliário**.

Por isso, para ter sucesso, é imprescindível conhecer todos esses ciclos, suas características e o que converte em cada um, a fim de que você possa identificar a chegada de um novo ciclo e utilizar o *marketing* mais adequado para aquele momento.

A Jarvis

Essa Jarvis não é a do Homem de Ferro, mas é tão inteligente quanto!

A Jarvis Inteligência Imobiliária é uma empresa especializada em concepção e venda de empreendimentos imobiliários cem por cento alinhados com as tendências de mercado. As construtoras parceiras ganham, com a nossa capacidade de análise de dados, uma estimativa que visa prever o futuro do mercado. Os clientes lucram investindo nos empreendimentos mais rentáveis e assertivos disponíveis.

Quem me acompanha nas redes sociais sabe que a Jarvis nasceu em 2022 com um modelo completamente diferente daquele do mercado tradicional. Não nos definimos como uma imobiliária, nos definimos como uma empresa de *marketing* que vende imóveis. Trouxemos o novo para o negócio de imóveis. A Jarvis já se diferencia pela sua sede fora da caixa: temos um *pub* temático inspirado em *Peaky Blinders*, série da Netflix, e uma sala de jogos, porque o objetivo é receber o cliente com conforto, como se ele estivesse em casa, para construirmos um bom relacionamento e ampliar nossa base.

Com uma visão estruturada de *marketing*, primeiro procuramos entender as pessoas, os clientes em potencial, e conhecer suas demandas, para depois falar de produto. Nossa metodologia é estudar e desenvolver, junto às construtoras, os melhores produtos para uma demanda já existente. Portanto, invertemos a lógica.

Antes de nós, construtoras desenvolviam o empreendimento e, com o prédio já levantado, ofereciam esse produto para as imobiliárias trabalharem.

Esse trabalho consistia em disparar materiais de divulgação para os corretores e simplesmente lançar o produto no mercado. Em resumo, era preciso encontrar uma demanda para esse novo empreendimento — uma demanda que nem sabíamos se existia, o que tornava o trabalho muito mais difícil.

Com a nossa metodologia, percebemos que os *leads* de produtos para investimento não estavam sendo convertidos em vendas porque o mercado havia mudado. Então, por meio do nosso núcleo de tecnologia de desenvolvimento de dados, começamos a estudar a comunidade de clientes em potencial para entender as necessidades desse grupo: o que essas pessoas estavam demandando e que tipo de imóvel poderia atendê-las. Baseados nesses dados, criamos os **códigos do retorno**, a fim de definir, com as construtoras, os pilares que os empreendimentos precisam ter para gerar alta rentabilidade e alta *performance*. A partir daí, passamos a nos unir às construtoras para desenvolver produtos em parceria, cuja demanda já esteja programada.

Essas informações foram sendo estrategicamente entregues para os nossos clientes. O resultado foi sem precedentes. Fizemos o primeiro lançamento em 2022, e foi um estouro. Oitenta por cento do produto foi vendido no lançamento, e encerramos o prédio três meses depois. O segundo lançamento foi 100% vendido antes de ir para o mercado. Com o terceiro, aconteceu a mesma coisa.

Nós não esperávamos atingir um patamar tão alto em tão pouco tempo. Hoje, estamos no sétimo lançamento em parceria com construtoras, em que o produto é desenvolvido pensando em uma demanda já existente, e estamos trabalhando para não ter menos do que sucesso absoluto nas vendas.

2

OS CICLOS DO MERCADO IMOBILIÁRIO

Tudo o que vivo hoje no contexto da minha empresa vem de estudo, prática e validação. Não há outra forma de desenvolver um negócio senão estudando; por isso, tudo o que aprendo eu coloco em prática, verifico o processo e faço as modificações que considero necessárias. Por mais que você aprenda um processo com alguém — que copie, por exemplo, o da Jarvis —, ao colocá-lo em prática, você modifica esse processo e o modela de acordo com a sua praça, com a sua empresa. Colocar em prática o que aprendemos significa testar o método e fazer os ajustes pertinentes para, então, validá-lo.

E, para que este livro cumpra de fato sua função, vou compartilhar dados e resultados reais que obtive utilizando as estratégias que validei na Jarvis. Não importa quantos cursos e treinamentos você faça: só se deve compartilhar dados, informações e estratégias depois que estiverem validados por você — ou seja, depois que você tiver certeza de que funcionam.

Agora é hora de unir teoria, ferramentas e prática. Retomando o que vimos no Capítulo 1, se considerarmos o ciclo próprio de um imóvel com duração de dez anos, podemos concluir que esse empreendimento certamente passou por todas as etapas do mercado imobiliário, que são quatro: **expansão**, **excesso de ofertas, recessão** e **recuperação**.

Na **expansão**, o mercado está superaquecido e existe uma demanda muito maior do que a oferta; mas esse ciclo não se sustenta por muito tempo. Rapidamente, começa o ciclo que é chamado de **excesso de ofertas**, quando muitos produtos são lançados e colocados no mercado de forma apressada para suprir essa alta demanda que veio da expansão. Surgem produtos muito parecidos, porque as construtoras estão focadas em aproveitar a boa maré. Vivemos um pouco disso, por exemplo, com produtos compactos, como *studios* e imóveis de quarto e sala, pois têm perfil para investimento de locação anual ou por temporada. Acontece que a demanda desacelera e esses produtos começam a sobrar. Esse excesso de produtos escoando mais lentamente no mercado força o início do ciclo de

recessão. Além da estagnação das vendas, esse ciclo pode absorver questões externas ao mercado imobiliário, como o cenário econômico do país. Ainda bem que, depois da tempestade, vem a bonança: o mercado se reorganiza, assim como a conjuntura do país se modifica, e um ciclo de **recuperação** tem início. O setor começa a se recuperar para, então, voltar a expandir.

Esse caminho todo é percorrido por um imóvel em cerca de dez anos, que é um período de maturação bastante interessante.

Observe: considerando o ano de 2024, se um cliente comprou um apartamento em 2014, provavelmente, nesses dez anos, o imóvel dobrou de valor. A partir disso, algumas contas específicas de rentabilidade atestam que esse resultado é muito maior do que o de qualquer renda fixa no mesmo período. Isso ilustra o que é valorização + fruição, conceito que veremos no Capítulo 3.

Então, se você sabe que o mercado tem um histórico de repetição dos quatro ciclos — e que, portanto, é previsível —, um dos passos para alcançar o sucesso é fazer uma análise detalhada de cada um desses ciclos.

Imagine um imóvel comprado em 2019, quando o mercado estava saindo da recuperação e entrando na expansão, e vendido em 2022, no auge da expansão imobiliária. Nesses três anos, é possível que esse apartamento tenha dobrado de preço, porque aproveitou a curva do ciclo de expansão. Agora, imagine apartamentos comprados entre 2013 e 2015 e vendidos em 2016 e 2017. É bem provável que tenha havido perda de dinheiro nessas transações — isto é, os imóveis foram vendidos por preços bem parecidos aos da compra, e ainda absorveram o pagamento de comissão. Por que isso? Porque esses apartamentos foram comprados e vendidos dentro do mesmo ciclo, ainda que em épocas diferentes.

Para saber se um imóvel foi um bom investimento, é preciso conhecer e respeitar os ciclos do mercado e saber medir realmente o valor desse imóvel. Minha conta sempre será baseada em renda fixa: Tesouro Direto, SELIC, CDI e CDB. O que é mais vantajoso para o investidor: colocar dinheiro na renda fixa ou em um imóvel que tenha as características ideais para atingir valorização e rentabilidade?

Ciclo de expansão

É importante saber que estamos enfrentando o maior desafio da história do mercado imobiliário e entender o que estamos prestes a encarar nos próximos anos para, assim, nos prepararmos adequadamente.

Primeiro, criou-se, por parte do cliente, uma forte memória dos anos por volta de 2020 como os melhores do mercado imobiliário. Um imóvel comprado por 200 mil reais poderia estar valendo 300, 400 ou até 500 mil reais logo em seguida. O preço dobrava muito rápido. Essa dinâmica gerou, no imaginário dos investidores, a percepção de uma valorização alta e rápida dos imóveis. Mas não é bem assim que funciona.

Segundo, o construtor também criou a memória de vendas altas e rápidas de todos os perfis de empreendimentos lançados. Então, se há registro desse sucesso todo, por que mudar a maneira de operar?

Acontece que essas memórias foram criadas em um determinado ciclo que, como a definição mesmo diz, se encerra em algum momento, porque o próprio movimento do mercado provoca esse encerramento. Acompanhe: se tudo o que estava disponível foi vendido, o estoque do país foi zerado. E não falo só de Maceió, do estado de Alagoas, a minha praça. Falo do Brasil como um todo estar sem estoque de produtos imobiliários nos últimos anos. Então, a lógica diz: lance mais produtos para regularizar a oferta. No entanto, o cenário do país está um pouco diferente.

Assim, se o cliente está preso à memória da valorização alta e rápida, o construtor não acredita que precise mudar o modelo de negócios e apresenta preços cada vez maiores. A questão é que a renda da população não cresceu e o poder de compra da população diminuiu. A inflação pressionou a classe média, que é a classe que nasceu para pagar contas. O rico ficou mais rico e continuará sempre rico. O pobre passou a ter dificuldades de acesso ao crédito. O governo, por sua vez, planejou novos formatos para o programa Minha Casa, Minha Vida. Diante disso, os próximos anos serão anos de readaptação. A pessoa que ganhava 15, 20 mil reais por mês alguns anos atrás precisa ter em mente que aquele tipo de imóvel que ela estava acostumada a ver não faz mais parte da sua realidade. Então, todo o cuidado é pouco para que não voltemos a ter estoque de produtos parados.

Por isso, é imprescindível conhecer bem os ciclos do mercado, para identificá-los e se preparar para enfrentá-los tanto em tempos bons quanto em tempos ruins, usando as melhores e mais adequadas estratégias de ação. Devemos entender quando entrar no ciclo, quando sair e como reconhecer em que ciclo estamos e o que devemos fazer a cada momento. Para isso, vou voltar um pouco no tempo e mostrar a você como as coisas se repetem e o quanto o mercado imobiliário é previsível.

De 2008 para cá, temos um panorama bastante interessante. Os anos entre 2008 e 2011, bem antes da pandemia de covid-19, tinham sido o último período de expansão — curiosamente, quando o mundo estava sofrendo as consequências da crise imobiliária norte-americana, que afetou todas as *commodities*. O mercado imobiliário brasileiro achou que enfrentaria uma crise tremenda por causa desse acontecimento externo, mas aconteceu justamente o contrário: o mercado imobiliário brasileiro viveu um *boom*. Só de valorização, tivemos uma média de 20% entre 2008 e 2011 (O auge [...], 2016).

> **Cerca de dez anos depois, entre 2020 e 2022, tivemos os melhores anos da história do mercado imobiliário.**

Então, houve expansão entre 2008 e 2011 e, num intervalo de dez anos, entre 2020 e 2022, voltamos a esse mesmo ciclo do mercado.

Surpreendentemente, essa expansão teve início em um dos momentos mais críticos da nossa história recente: durante a pandemia de covid-19, quando achamos que o marcado iria acabar. Como vender algo que o cliente não poderia sair de casa para olhar? O pânico se instalou, pois não havia previsão de retorno às atividades presenciais. Mas a necessidade de isolamento social imposta pela pandemia fez com que muitas pessoas repensassem suas moradias, suas maneiras de viver, seus trabalhos e negócios. A partir desse cenário aparentemente contraditório, o mercado entrou no ciclo de expansão e tivemos a maior alta de preços dos últimos tempos (Mercado [...], 2023). O ano de 2022 fechou como o segundo melhor da história do mercado, perdendo apenas para 2021. E 2020 só não foi o melhor ano por conta da instabilidade nas atividades profissionais, que paravam e voltavam repetidamente.

Então, se, de acordo com esse exemplo dos períodos 2008-2011 e 2020-2022, sabemos que de dez em dez anos temos esse ciclo de expansão, como identificá-lo? A resposta é: observando os momentos de atividade econômica acelerada.

Durante a pandemia, a grande influência na nossa economia foi a taxa SELIC, que provocou uma redução de juros tão grande que talvez nem meus netos vejam um patamar de SELIC a 2%, como vimos no Brasil. Assim, a SELIC lá embaixo encorajou as pessoas a tirar o dinheiro da poupança e da renda fixa e colocá-lo no mercado, em renda variável e ações. Investir em ações, por exemplo, significa investir em tecnologia, emprego e crescimento. Houve também quem, impulsionado pela nossa cultura patrimonialista, decidisse colocar dinheiro em imóveis. Sendo assim, o mercado como um todo cresceu muito, porque a atividade econômica estava acelerada. Além disso, os juros baixos facilitaram o acesso ao crédito.

Imagine você com o poder de compra reduzido, mas com acesso a um crédito de, digamos, 100 mil reais. Isso resulta em parcelas de mil reais. A título de comparação, nessa época de que estou falando, eu estava vendendo um imóvel financiado em 200 mil. Em vez de 2.000 reais, as parcelas estavam em torno de 1.500. Essa diferença de 500 reais nas parcelas se deve aos juros da taxa SELIC, que estavam baixos.

Atividade econômica gera emprego; consequentemente, atividade econômica acelerada gera mais empregos. O mercado imobiliário se sustenta em emprego e crédito; logo, emprego em alta é indicador de que o mercado imobiliário vai acelerar. E quando há facilidade de crédito, principalmente crédito mais barato, é certo que o mercado imobiliário irá disparar. Portanto, o ciclo de expansão é movido por atividade econômica acelerada e crédito facilitado. E nele ainda se observa uma diminuição de estoque. Os estoques das construtoras vão se encerrando, e é nesse momento que a maioria dos corretores ganha o dinheiro. Se em 2020, 2021 e 2022, você, corretor, não ganhou dinheiro, provavelmente fez alguma coisa diferente ou perdeu o foco. Nessa mesma época, a profissão ficou em alta, e a quantidade de corretores entrando no mercado foi grande.

A palavra que define o ciclo de expansão é "muito". São muitos corretores entrando no mercado porque a profissão fica em alta, há muita gente ganhando dinheiro e surgem muitos lançamentos ao mesmo tempo para atender a essa demanda. Só que esse tipo de exagero tem consequências.

As construtoras começam a lançar seus empreendimentos de qualquer jeito, porque é preciso colocar produtos novos no mercado. Assim, imóveis que não têm o mínimo de documentação necessária, que juridicamente ainda nem existem, são postos à venda. Basta um arquiteto ter uma ideia na cabeça que a construtora já prepara a tabela de preços. Tenho certeza de que entre 2020 e 2022 também foi desse jeito na sua praça. Havia muita pressa em lançar produtos porque ninguém queria perder o *timing*.

O investidor tubarão João Gondim diz que o *timing* é a mãe de todas as batalhas. Uma localização não tão boa no *timing* certo vende, mas uma localização excelente no *timing* errado gera dificuldade nas vendas. Então, se entre 2020 e 2022 ninguém queria perder o *timing*, o que se passou a ver no mercado foram produtos mal desenhados e mal precificados. Essa dinâmica provocou no cliente uma insegurança e uma angústia que se tornariam ponto de atenção para as equipes de *marketing* e de vendas no ciclo seguinte: o de excesso de ofertas.

Em um ciclo de alta demanda como o de expansão, quem tem a informação é rei. Então, o *marketing* precisa agir para colocar a informação no mercado rapidamente e gerar o máximo possível de *leads*. E como isso era feito? Por meio de anúncios patrocinados. E esses anúncios convertiam não só porque, na ponta do negócio, o cliente estava aquecido para comprar, mas também porque o patrocínio nas redes fazia o anunciante alcançar um público maior.

Quem trabalha com imóveis de terceiros certamente se lembra de que ter uma exclusividade naquele período de 2020 a 2022 era a mesma coisa que ter uma venda fechada. Num tempo tão aquecido, as vendas eram garantidas, e tudo o que você precisava fazer era colocar a informação sobre o produto o mais rápido possível no mercado. Sendo assim, conclui-se que o ciclo de expansão precisa de informação rápida e forte geração de *leads*. E foi o que aconteceu.

Em resumo, o **ciclo de expansão** é um período de:

- atividade econômica acelerada;
- mais demanda do que oferta;
- novos corretores;
- lançamentos em ritmo forte;
- pressa das construtoras para lançar produtos.

Ciclo de excesso de ofertas

Em um cenário cuja demanda está desacelerando e os lan çamentos continuam a todo vapor, consequentemente haverá excesso de ofertas no mercado. Portanto, o que aconteceu no ciclo de expansão não pode ser replicado no ciclo de excesso de ofertas. Nesse ciclo, o cliente e o imóvel têm outro perfil, e precisamos entender o contexto para trabalhar o *marketing* de uma maneira diferente. Saber exatamente o que fazer nesse momento é crucial.

Recapitulando: de 2008 a 2011, tivemos expansão. Em 2012, começa um cenário de excesso de ofertas, que vai até 2014. Uma notícia de 2013 anuncia que os lançamentos imobiliários subiram 13% no país (Cardoso, 2014). Isso significa que a expansão continua, porque lançamentos já programados em um período anterior foram executados, mas a demanda está desacelerando. Em 2014, o teor das notícias muda um pouco: "A 'bolha imobiliária' à brasileira começa a esvaziar", disse *El País* (Rosas, 2014). Ainda em 2014: "Vendas de lançamentos de imóveis despencam na cidade de São Paulo." (Vendas [...], 2014a). Então, em 2013, houve aumento de lançamentos e, um ano depois apenas, em 2014, esse número já começou a desacelerar.

Em mais uma notícia de 2014, ficamos sabendo que as vendas estavam caindo, mas os preços seguiam em alta (Vendas [...], 2014b). Acontece que uma coisa não tem necessariamente a ver com a outra: as vendas podem estar caindo, mas os preços, não. Essa dinâmica protege tanto o patrimônio do cliente quanto aquele que prefere esperar os preços baixarem, ainda que eles não recuem. Existe uma política de precificação que define o valor do metro quadrado.

Enquanto eu escrevia este livro, em 2024, surgiam novos produtos no mercado a todo momento — não sei se você se lembra —, mas a demanda estava em queda. E, comparado aos anos anteriores, o ritmo de vendas estava cada vez mais desacelerado. Alguns segmentos, no entanto, continuaram em alta, como os produtos compactos, que apresentam um comportamento específico em relação às parcelas e têm preço final menor. Assim, o pequeno investidor, o cliente que costumamos chamar de XP — aquele que tem renda sobrando e quer aplicar em algo como as parcelas de um imóvel, por exemplo —, se torna um comprador em potencial de produtos compactos, pela facilidade das parcelas e pelo preço final. As análises de mercado da Brain Inteligência Estratégica mostram que os produtos mais vendidos no Brasil em 2024 foram os compactos, cujas particularidades estão desassociadas do restante do mercado. Enquanto isso, os empreendimentos com outros perfis entraram realmente na estagnação provocada pelo excesso de ofertas.

Os lançamentos que não paravam, somados à queda da demanda, provocaram o acúmulo de estoque. Se antes qualquer produto colocado no mercado era vendido, agora há o *boom* inicial e normal na primeira tabela e, em seguida, já se faz necessário um trabalho de base. As vendas já não são tão rápidas, e as construtoras começam a usar estratégias para tentar reverter o quadro de estoque. Convocam corretores para treinamentos, promovem cafés da manhã, anunciam premiações. Nada disso acontecia dois ou três anos antes.

Outra coisa que se vê em períodos de excesso de oferta é a presença de muitos produtos semelhantes entre si.

E, como o momento é dos compactos, as metragens diminuem, aparecem empreendimentos com unidades entre 20 e 30 m^2, além de algumas lojas no térreo ou áreas destinadas a serviços. Mas, em meio a tanta oferta parecida, como o cliente consegue elencar as diferenças para poder fazer a melhor escolha? É isso que causa angústia no cliente — não saber se tomou a decisão correta quando, finalmente, conseguiu escolher.

Para evitar esse sentimento, o cliente passa a ser extremamente seletivo.

Pede a tabela e o *book* da construtora e, muitas vezes, nem responde mais. Esse cliente começa a fazer comparações entre todos os produtos do mercado, de todas as construtoras, tendo o preço como principal referência. Então, se tenho produtos parecidos e meu cliente não dispõe das informações necessárias para conseguir diferenciar um produto de alta *performance* de outro que não é, ele fará a comparação exclusivamente com base no preço. Por isso, em um ciclo de excesso de ofertas, o que você precisa é estar municiado de uma argumentação sólida e consistente para fechar negócios. É necessário oferecer ao cliente ferramentas de decisão que vão além do preço.

Quais são os erros de *marketing* que nós, corretores, cometemos? Um deles é manter as mesmas ações usadas no ciclo anterior, de expansão, como anúncios apenas das características dos produtos. Em um cenário com muitos produtos parecidos no mercado, esse enfoque deixa de ser eficaz, já que as características são praticamente iguais e não influenciam a decisão do cliente. Além disso, o excesso de informações repetidas gera dúvidas.

Pensando no nosso público, um investidor quer saber basicamente de segurança e retorno sobre o investimento, ou seja, o quanto o investimento vai valorizar. Esse público está cansado de publicidade, mas basta fazer uma busca para que os algoritmos dos buscadores e dos aplicativos passem a encher o cliente com incontáveis propagandas — sempre uma oportunidade mais imperdível do que a outra, e todas usando o mesmo jargão. Os corretores começam a entrar em desespero, postando anúncios patrocinados um em cima do outro, investindo cada vez mais para gerar *leads*, mas o retorno — ou seja, a conversão em vendas — é cada vez menor. Essas ações foram bem-sucedidas em outro momento do mercado. Sendo assim, você não pode replicar agora algo que deu certo dois ou três anos atrás.

Vídeos sofisticados, aqueles bem elaborados, em que os corretores parecem modelos e vão entrando teatralmente no apartamento, mantendo o foco mais em si mesmos do que no imóvel, se mostraram frutuosos no passado; agora, o que está vigorando é um formato educacional. Dessa forma, o cliente está precisando ser educado sobre o mercado imobiliário para poder tomar a melhor decisão, aquela que favorece o trabalho que você está fazendo.

O **ciclo de excesso de ofertas** pode ser resumido por suas principais características:

- lançamentos ainda com ritmo forte;
- demanda caindo;
- surgimento de estoque;
- produtos muito parecidos.

Ciclo de recessão

A recessão sempre chega. Para muitos, é o fim até da profissão. Para outros, é uma enorme janela de oportunidades.

Em meados da década de 2010, o país estava passando por uma grande turbulência político-financeira. E, pouco tempo depois de eu ter chegado à corretagem, em 2015, a Caixa Econômica Federal (CEF) reduziu o limite máximo do financiamento de imóveis usados de 80% para 50% do valor total. Os corretores da imobiliária entraram em desespero, mas eu, que estava chegando na corretagem e não conhecia o mercado, não tinha ideia se aquilo era bom ou ruim. Para mim, aquilo era apenas a realidade, pura e simples. Então, eu não tinha mais nada a fazer além de agir. Com apenas uma estratégia digital nas mãos, fui trabalhar e fazer a minha parte.

E, realmente, 2015 foi um ano tenebroso para o mercado imobiliário. Uma notícia da CNN Brasil comprovou: "o mercado imobiliário enfrentou uma forte recessão entre os anos de 2015 e 2017, quando a crise econômica derrubou a demanda" (Malar, 2021). Esse período corresponde à maior crise da história do mercado imobiliário brasileiro.

Depois desse episódio, o que vimos foi uma quantidade significativa de construtoras entrando em recuperação judicial. Muitos não souberam surfar essa onda, mesmo que fosse tão previsível, mesmo com a ciência de que ela chegaria. Mas a maioria das empresas não se prepara para crises, não é mesmo? Muito menos os corretores. Vivemos em uma gangorra emocional e financeira. Nesse contexto, imagine como seria conseguir se preparar para uma crise ou um momento difícil do mercado.

Vinte porcento das construtoras no país pede a recuperação judicial, disse uma matéria d'O Globo (Sorima Neto, 2016). Isso é muita coisa. Em Maceió, uma praça pequena, aproximadamente 14 empresas entraram em recuperação judicial — foi um choque. Então, houve retração total, porque a crise é uma retração de demanda. "Eu tenho medo do futuro, então eu me retraio." Esse era o pensamento dos clientes, que ficavam inseguros em comprar qualquer produto na planta. Portanto, a maior dificuldade em atravessar esses anos foi a falta de confiança do cliente.

Mas, afinal, como percebemos que entramos no período de recessão?

Sempre observando a atividade econômica. Se ela estiver desacelerando, uma recessão se aproxima. Então, esse é o principal ponto.

Se, como dito, o mercado imobiliário está sustentado em crédito e emprego, o desemprego elevado é um sinal de alerta para uma possível recessão. A atividade econômica desacelerada e o desemprego alto travam a liberação de crédito, empréstimos e financiamentos imobiliários. Quem está no mercado há mais tempo percebe esse cenário quando, por exemplo, a CEF começa a postergar a assinatura de um contrato de financiamento, seja por problemas na contratação de recursos, seja por falta deles. Isso acontece porque as pessoas passam a tirar dinheiro da poupança para mitigar os efeitos da recessão em suas vidas. Uma coisa puxa a outra, e esse é o segundo ponto de alerta para o mercado imobiliário: a dificuldade de acesso ao crédito.

No ciclo da recessão, vemos poucos lançamentos. Se a demanda está baixa, por que lançar um produto novo? Então, as construtoras colocam o pé no freio, o que é um forte indicativo da vigência desse ciclo.

Clientes com medo, de um lado, e clientes buscando oportunidades, de outro, dão origem ao que chamamos de "galinha morta", ou seja, produtos com descontos de 30%, 40%.

E não é que o preço dos imóveis esteja caindo; é que as pessoas estão passando por dificuldades em seus negócios, no dia a dia, e estão precisando de liquidez. Por isso, acabam aceitando vender o imóvel por um valor mais baixo. No fim, trata-se de um período que pode oferecer oportunidades tanto para clientes que querem comprar quanto para aqueles que precisam vender.

Uma prática comum nesse ciclo é usar um imóvel seminovo como parte do pagamento de outro imóvel — algo que as construtoras não aceitam em outros ciclos. Mas, na recessão, elas chegam a criar tabelas de preços de usados de terceiros para ajudar seus próprios produtos a girar. A tabela de parcelamentos ganha prazos mais extensos, de 100, 120 meses. Essa é uma estratégia para reequilibrar a balança de pagamentos e, consequentemente, estimular uma política de créditos mais favorável. Então, se os clientes estão com dificuldade de crédito, as construtoras mudam o fluxo de pagamento.

Nesse contexto, fica nítido o movimento das construtoras para treinar corretores e montar seu time de elite. Surgem eventos, palestras e cursos para formar e engajar os profissionais que realmente vão se dedicar aos produtos que precisam ser vendidos. Há uma estratégia de *marketing* ideal para passar pelo ciclo de recessão: trabalhar a base de clientes — diferenciar-se por sua autoridade e credibilidade no mercado, criar verdadeiras oportunidades e inovar.

As empresas que conseguem sair com maior facilidade de um período de recessão são aquelas que possuem uma base de clientes. Essas empresas constroem e estruturam sua base ao longo dos anos, sem depender de *leads* ou anúncios. Com esses dados em mãos, segmentam o portfólio de acordo com o perfil dos clientes — os que buscam uma oportunidade em termos de preço ou de parcela, por exemplo. Assim, essas empresas conseguem sobreviver.

As imobiliárias e os corretores que se tornam autoridades no assunto de imóveis e demonstram credibilidade em momentos de crise passam a ser atores fundamentais do mercado. O raciocínio é simples: se há uma crise e o cliente está com medo, ele só vai fechar negócio se contar com o suporte de um especialista. E um especialista é uma empresa ou um profissional que seja autoridade em sua área de atuação e tenha credibilidade no mercado. Então, é muito importante fazer com que essa autoridade e essa credibilidade sejam reconhecidas, para que, em um momento de recessão, o cliente saiba onde procurar por esse profissional.

Mesmo com todas as adversidades, é na crise que somos impelidos a buscar e criar verdadeiras oportunidades de venda. Por isso, esse é o contexto ideal para inovar. Quando, em 2015, levei para a imobiliária onde trabalhava os anúncios patrocinados no Facebook, a empresa nunca tinha atuado daquela forma — nem o mercado de Maceió. Assim, apresentei uma maneira diferente de se comunicar com o público, uma inovação que gerou bons resultados. O ciclo da recessão é propício para o surgimento de inovações, seja na comunicação, seja no canal de atração, seja com uma solução para o mercado.

Enfim, as características do **ciclo de recessão** são:

- atividade econômica desacelerando;
- dificuldade de crédito;
- poucos lançamentos;
- empresas entrando em recuperação judicial;
- clientes com medo;
- surgimento das "galinhas mortas";
- recebimento de imóvel como parte do pagamento;
- tabelas de 100 a 120 meses;
- construtoras treinando corretores.

Ciclo de recuperação

Finalmente, o quarto ciclo: o de recuperação. Trata-se de um ciclo de passagem, uma transição entre o momento de baixa e o período de alta, já que não saímos da recessão diretamente para a expansão.

O último período de recuperação identificado teve início em 2018, após a crise de 2015 a 2017. "A partir de 2018, a economia começou a se recuperar", afirmou uma matéria da CNN Brasil (Malar, 2021). De fato, o mercado começou a dar sinais de retomada em 2018/2019. Para 2020, esperávamos um ano de recuperação total, até que, em março, o Brasil parou: "Coronavírus frustra recuperação do mercado imobiliário" (Lewgoy; Goeking, 2020).

E como conseguimos identificar que estamos em um ciclo de recuperação?

No ciclo anterior, os lançamentos desaceleraram e/ou foram pausados porque as construtoras colocaram o pé no freio. A recuperação, então, fica muito nítida justamente porque os lançamentos voltam a ter ritmo. Repare: esse é um momento favorável a inovações, e as construtoras não podem desperdiçá-lo.

Em 2018/2019, começaram a surgir os produtos-conceito: empreendimentos fora da curva, com *design* arrojado e serviços de tecnologia embarcada. São imóveis que fogem do "mais do mesmo". Apartamentos com esse perfil passaram a compor uma nova categoria de produtos apresentada pelo mercado. Os compactos foram a bola da vez em 2018. De lá para cá, essa linha de produtos só cresceu, impulsionada principalmente por um novo estilo de vida, pelo preço final e pelo amplo parcelamento. E, de acordo com o que estamos aprendendo neste livro, um novo ciclo com inovação em produtos demanda novas ações de *marketing*, como construção de *branwwding*, material de divulgação de melhor qualidade, estímulo à percepção de valor pelo cliente e produção fora da curva.

O *marketing* para o ciclo de recuperação deve estar voltado para o *branding*, para a construção de marca. É nesse momento que passamos a ver um material de divulgação bem mais elaborado. Estou falando dos tipos de vídeo que despontaram em 2018 e 2019, e que todos os corretores passaram a produzir: aquelas produções cinematográficas, filmadas com drones e focadas na marca pessoal do corretor. Foi então que grandes *players* ganharam destaque. Ricardo Martins, atuando em Goiás, trouxe uma forma diferente de falar de mercado imobiliário e passou a divulgar produtos usando o TikTok. Augusto Braga, palestrante motivacional e influenciador digital do Rio de Janeiro, e Kleverson Passos, influenciador do Espírito Santo, também inovaram e se destacaram nesse universo da divulgação da corretagem nas redes sociais.

Nesse ciclo, esse novo formato de divulgação, com produção de qualidade acima da média, resultou em uma forte percepção de valor por parte do cliente. Portanto, na recuperação, é preciso agregar valor ao seu produto. E os corretores que investiram em *branding* e no fortalecimento de marca, implementando inovação, se saíram muito bem nesse período de recuperação. Para esses profissionais, o ciclo de expansão será o momento de nadar a largas braçadas e se distanciar da concorrência em todos os níveis. Foi exatamente o que aconteceu com Ricardo Martins, por exemplo, que cresceu muito no TikTok em 2018 e 2019 e começou a colher os frutos em 2020.

Portanto, atente-se para as características do **ciclo de recuperação**:

- lançamentos retomam o ritmo;
- abertura para inovar;
- novos conceitos de produto;
- mercado apresenta nova categoria de produtos;
- foco na construção de *branding*.

E qual é o ciclo do momento?

O ano é 2025 e, no meu entendimento, estamos entrando em um **ciclo de excesso de ofertas**, que demanda a educação do nosso público-alvo, do nosso cliente. E por que educação? Porque estamos diante de vários lançamentos; semanalmente, vemos produtos chegando ao mercado, e o cliente, sem conseguir diferenciá-los, muitas vezes acaba fazendo péssimos negócios. Esse insucesso pode afetar diretamente o mercado. Lá na frente, esse cliente pode falar: "Investir em imóveis não é interessante", "Perdi dinheiro",

"A construtora tal não entregou", o que pode desestimular outros investidores em potencial. Portanto, nós, corretores, temos o dever legal de nos responsabilizar no momento da compra feita pelo nosso cliente.

> Na Jarvis, definimos alguns pilares que nos ajudaram a sair na frente da concorrência.

Nós os colocamos em prática em 2022 e o resultado foi sensacional. Em 2024, a imobiliária dobrou de tamanho com essa estratégia. Enquanto a maioria dos corretores que começam a criar conteúdo para as redes socais foca em disponibilizar informações, treinamentos e metodologias para outros corretores, aqui na Jarvis nós levamos o conteúdo *para o cliente*, ou seja, direcionamos a comunicação para o investidor. Dessa forma, tivemos um excelente resultado porque oferecemos para o nosso cliente, de forma clara, o melhor momento para investir e o imóvel mais adequado para cada perfil.

Acreditamos fortemente na máxima que diz que nós não vendemos nada, o cliente é que compra algo de nós. Eu não conduzo diretamente o fechamento do cliente; o que tenho é controle sobre as etapas anteriores. O poder de decisão fica sempre com o investidor. Portanto, é fundamental concentrar esforços nas etapas que antecedem a venda.

Durante este período vigente de excesso de ofertas, é necessário atuar com *marketing* educativo e construir uma base de clientes sólida. Você, como corretor, precisa ter os *seus* clientes. Eu, por exemplo, criei relações com pessoas que se converteram em clientes e, hoje, fazem parte da base da empresa. Mantenho minha lista sempre muito bem-organizada para que, no ciclo seguinte, eu já tenha uma estrutura pronta para trabalhar e obter bons resultados. Uma base de clientes forte e organizada é a chave para surfar bem todas as ondas e atravessar todos os ciclos acumulando histórias de sucesso.

Portanto, é fundamental concentrar esforços nas etapas que antecedem a venda.

3

OS 6 PILARES PARA ATINGIR A ALTA *PERFORMANCE* NOS INVESTIMENTOS IMOBILIÁRIOS

Neste capítulo, vamos conhecer a metodologia dos **códigos do retorno**, baseada em seis pilares que um produto para investimento precisa seguir a fim de atingir a alta *performance*. Para obter as informações que definem esses pilares, realizamos pesquisas de mercado com clientes investidores, a fim de entender exatamente o que consideram importante na hora da compra. Além disso, com dados detalhados de estudos de empresas que atuam com locação por temporada, analisamos junto a construtoras a curva dos empreendimentos de determinados bairros e perfis, com base no histórico de valorização dos produtos.

A partir desse trabalho inicial de pesquisa e análise de dados, organizamos os resultados em um método e passamos a desenvolver treinamentos, palestras e conteúdos para corretores e, principalmente, para clientes, a fim de que pudessem adquirir conhecimento e aguçar a visão sobre o que está por trás dos produtos que são vendidos como grandes oportunidades. Foi então que entendemos que os que se dizem *experts* em mercado imobiliário são, na verdade, os chamados "caçadores de primeira tabela", que confiam que o preço inicial vai trazer um retorno maior na compra — o que nem sempre é verdade. Assim, a metodologia dos códigos do retorno dá clareza para que o cliente possa exercer de fato seu poder de decisão, avaliando com fundamento as possibilidades de negócio e fazendo a melhor escolha.

Em 2022, lançamos o primeiro produto com base nesses pilares. Vendemos 80% das unidades no lançamento e, três meses depois, o prédio foi finalizado. Em seguida, tivemos um produto 100% vendido antes mesmo do lançamento. No final de 2023, lançamos dois empreendimentos e vendemos mais de 200 unidades em apenas 30 dias. Hoje, temos uma sequência de lançamentos planejada e uma lista de clientes apenas aguardando o momento de escolher sua unidade. Por que isso acontece? Porque passamos a ter prova social e uma metodologia que realmente funciona — e que foi validada na prática.

Como já dito, somos uma imobiliária que não se define como imobiliária, mas como uma empresa de *marketing* que vende imóveis. *Marketing* é estudar o mercado; só assim conseguimos decifrar o comportamento dos investidores. Produto para investimento é, essencialmente, um produto financeiro; por isso, o parâmetro da Jarvis é a renda fixa. Dessa forma, é preciso entender o que o mercado financeiro propõe para que se possa fazer essa comparação.

Há muitas máximas no mercado que não traduzem exatamente o que o mercado imobiliário é e acabam gerando confusão no raciocínio. "Vai morar de aluguel e investir o dinheiro", "Essa é uma nova geração que não quer comprar imóveis". Mas como é que você vai viver de aluguel se não tiver ninguém que compre um imóvel para alugar para você?

Para esclarecer o raciocínio e escolher os melhores investimentos, você deve observar os seis pilares a seguir:

1. **segurança jurídica**;
2. **ciclo de lançamento:** o tempo que leva do lançamento do produto até a entrega;
3. **fluxo de pagamento:** como a tabela de pagamento pode influenciar os resultados;
4. **conceito do produto:** é preciso que esse produto esteja alinhado com o que se propõe a fazer e não apenas siga alguma tendência da moda;
5. **gestão:** quando o produto já tem sua operacionalização planejada;
6. **valorização + fruição:** quando a compra traz rentabilidade.

Pilar 1 – Segurança jurídica

Segurança jurídica não deveria nem ser um pilar, mas sim uma obrigação, pois não é algo que se possa negociar.

Em 2021 e 2022, como vimos, os melhores anos da história do mercado imobiliário, havia uma grande demanda e uma oferta praticamente zerada. Não se via mais prédios sendo entregues com apartamentos disponíveis para venda, e tudo o que era lançado era rapidamente absorvido pelo mercado. Isso gerou uma verdadeira corrida contra o tempo para colocar produtos no mercado o mais rápido possível, a fim de aproveitar e atender àquela demanda.

Nesse cenário, alguns produtos começaram a ser lançados de forma negligente, sem nenhuma documentação, o que trouxe riscos consideráveis para os clientes.

Empresas que seguiam corretamente o passo a passo de como fazer um lançamento imobiliário passaram a ser prejudicadas. Como, em geral, os clientes — e muitas vezes os próprios corretores — não têm conhecimento sobre as questões legais que envolvem um lançamento imobiliário, não conseguem entender as diferenças entre os empreendimentos e tampouco avaliar os riscos. Na cabeça deles, os critérios mais importantes a serem observados são, em geral, o valor do metro quadrado e as parcelas.

Diante disso, vamos começar falando da Lei das Incorporações, ou Lei 4.591, de 1964 (Brasil, 1964), que rege os lançamentos imobiliários e dispõe sobre o registro de incorporação — algo que, em algumas cidades do Nordeste, parece até algo de outro mundo, e que acaba se tornando um diferencial. No entanto, ter o memorial de incorporação registrado em cartório e no registro de imóveis competente daquela região é apenas o passo número um para um lançamento imobiliário. Mas, aqui no Brasil, muitos produtos são lançados sob a prerrogativa do pré-lançamento, ou seja, são colocados no mercado fora do que determina a Lei das Incorporações. O artigo 32 da referida lei afirma que "o incorporador somente poderá alienar ou onerar as frações ideais de terreno e acessões que corresponderão às futuras unidades autônomas após o registro, no registro de imóveis competente, do memorial de incorporação [...]". Isso significa que não se pode vender de maneira alguma antes do registro do memorial de incorporação.

Falando agora da minha praça, lançar produtos sem registro é uma prática comum. Construtoras de fora do estado costumam se surpreender quando vêm atuar aqui e são questionadas sobre os registros. Para essas empresas, essa pergunta nem deveria ser feita, pois ter a documentação em dia é o básico. Mas, na prática, não é assim que funciona.

Provavelmente, você já deve ter visto na sua cidade materiais como o da Figura 1. Essa tabela de pagamento pertence a uma construtora de grande porte aqui de Maceió.

Figura 1 – Tabela de pagamento.

§ 3º O número do registro referido no § 1º, bem como a indicação do cartório competente, constará, obrigatoriamente, dos anúncios, impressos, publicações, propostas, contratos, preliminares ou definitivos, referentes à incorporação

FINANCIAMENTO: DIRETO COM A CONSTRUTORA
TABELA-MÊS: JULHO/2022
CORREÇÃO: INCC ATÉ A ENTREGA. APÓS IGP-M + 1%
PREVISÃO DE ENTREGA: 48 MESES APÓS O MEMORIAL DE INCORPORAÇÃO

UNID.	ÁREA (m2)	VAGAS DE ESTACIONAMENTO	PREÇO	SINAL	CHAVES	120 SEGUINTES	SITUAÇÃO
	APR		A VISTA (R$)			MENSAIS	
503	60,4	1 VAGA	R$ 689.900,00	R$ 68.990,00	R$ 68.990,00	R$ 4.599,33	
603	60,4	1 VAGA	R$ 699.900,00	R$ 69.990,00	R$ 69.990,00	R$ 4.666,00	
703	60,4	1 VAGA	R$ 709.900,00	R$ 70.990,00	R$ 70.990,00	R$ 4.732,67	
803	60,4	1 VAGA	R$ 720.900,00	R$ 72.090,00	R$ 72.090,00	R$ 4.806,00	
903	60,4	1 VAGA	R$ 730.900,00	R$ 73.090,00	R$ 73.090,00	R$ 4.872,67	
1003	60,4	1 VAGA	R$ 742.900,00	R$ 74.290,00	R$ 74.290,00	R$ 4.952,67	
1103	60,4	1 VAGA					VENDIDO
1203	60,4	1 VAGA	R$ 764.900,00	R$ 76.490,00	R$ 76.490,00	R$ 5.099,33	
1303	60,4	1 VAGA	R$ 775.900,00	R$ 77.590,00	R$ 77.590,00	R$ 5.172,67	
404	30	ROTATIVA	R$ 398.900,00	R$ 39.890,00	R$ 39.890,00	R$ 2.659,33	
504	30	ROTATIVA	R$ 403.900,00	R$ 40.390,00	R$ 40.390,00	R$ 2.692,67	
604	30	ROTATIVA					VENDIDO
704	30	ROTATIVA					VENDIDO
804	30	ROTATIVA	R$ 423.900,00	R$ 42.390,00	R$ 42.390,00	R$ 2.826,00	
904	30	ROTATIVA	R$ 428.900,00	R$ 42.890,00	R$ 42.890,00	R$ 2.859,33	
1004	30	ROTATIVA	R$ 435.900,00	R$ 43.590,00	R$ 43.590,00	R$ 2.906,00	
1104	30	ROTATIVA	R$ 440.900,00	R$ 44.090,00	R$ 44.090,00	R$ 2.939,33	
1204	30	ROTATIVA	R$ 447.900,00	R$ 44.790,00	R$ 44.790,00	R$ 2.986,00	
1304	30	ROTATIVA	R$ 454.900,00	R$ 45.490,00	R$ 45.490,00	R$ 3.032,67	

Fonte: Acervo do autor.

Voltando à Lei 4.591, o parágrafo 3º do artigo 32 determina que "o número do registro referido no parágrafo 1º, bem como a indicação do cartório competente, constará, obrigatoriamente, dos anúncios impressos, publicações, propostas, contratos, preliminares ou definitivos, referentes à incorporação [...]". Perceba que, na tabela da Figura 1, as únicas informações disponíveis são: data (mês e ano), correção pelo Índice Nacional de Custo da Construção — INCC (até a entrega) e previsão de entrega (48 meses após o memorial de incorporação, o documento que formaliza a construção de um empreendimento imobiliário). Ou seja, não é fornecida a data de entrega porque não há a data do memorial. Isso significa que a obra pode levar mais um, dois, três ou até quatro anos além dos 48 meses seguintes à liberação do memorial de incorporação. E a Lei das Incorporações é clara: nenhum material, tabela, *folder* ou publicação pode ser veiculado sem o registro do memorial de incorporação.

A Construtora Moura Dubeux, uma das maiores do Brasil e, se não me engano, a maior do Nordeste, que tem inclusive capital aberto na Bolsa, adota um outro nível de exigência. Um exemplo disso é a tabela de preços mostrada na Figura 2, que inclui a informação "Registro de Incorporação R-4 da matrícula n. 157.941 do 1º Registro de Imóveis e Hipotecas de Maceió/AL". Isso deveria ser o comum, mas não é a realidade do mercado.

Figura 2 – Tabela de preços da Construtora Moura Dubeux.

LANAI BEACH - Torre A - NALU

Av. General Luiz de França Albuquerque, Jacarecica, Maceió/AL

A harmonia é um estado sutil, belo, discreto mas profundo. É estar no lugar certo, na hora certa.

APARTAMENTOS	DESCRIÇAO
Áreas privativas: Terminação 1 : 130,03m² Terminação 5 e 6 : 79,36 m² Terminação 2 : 129,95m² Terminação 7 e 8 : 86,78 m² Terminação 3: 99,58m² Terminação 4 :102,00m² **OBS: Parcela de financiamento sujeita à avaliação do crédito e do imóvel.**	Os apartamentos de terminações 01 e 02, possuem Sala de estar/ Jantar, Varanda Gourmet , 3 suítes , lavabo, cozinha, área de serviço e BWC de serviço. Os apartamentos de terminações 03 e 04 possuem sala de Jantar /estar, 3 quartos sendo 01 suíte, BWC reversível, varanda Gourmet, Lavabo, cozinha, área de serviço e BWC de serviço. Os apartamentos de terminações 05 e 06 Possuem sala de estar / jantar, Varanda Gourmet, 2 quartos sendo 01 suíte, cozinha e área de serviço. Os apartamentos de termincões 07 e 08 possuem Sala de estar/Jantar, Varanda Gourmet, 3 quartos sendo 01 suíte, BWC social, cozinha, área de serviço e BWC de serviço.

TABELA ATUALIZADA EM 20/08/2023

Correção pelo INCC durante a obra. ***Correção pelo IGPM + 1% após expedição do habite-se.***

As áreas comuns serão entregues equipadas e mobiliadas.

Registro de incorporação sob R-4 da matrícula nº 157.941 do 1º Registro de Imóveis e Hipotecas de Maceió - AL.

Esta tabela pode ser alterada pela construtora, sem aviso prévio.

TORRE A										
Unidades	Área Privativa	Vagas	Sinal 3%	30 Dias 3%	60 Dias 3%	24 Mensais 20%	04 Intercaladas 6%	Financiamento 65%	Valor Total	STATUS
1404	102	2	R$ 31.399,39	R$ 31.399,39	R$ 31.399,39	R$ 8.722,05	R$ 15.699,69	R$ 680.320,05	R$ 1.046.646,23	EM NEGOCIAÇÃO
1604	102	2	R$ 32.030,51	R$ 32.030,51	R$ 32.030,51	R$ 8.897,37	R$ 16.015,26	R$ 693.994,48	R$ 1.067.683,82	
1704	102	2	R$ 32.350,82	R$ 32.350,82	R$ 32.350,82	R$ 8.986,34	R$ 16.175,41	R$ 700.934,43	R$ 1.078.360,65	
1804	102	2	R$ 32.674,33	R$ 32.674,33	R$ 32.674,33	R$ 9.076,20	R$ 16.337,16	R$ 707.943,77	R$ 1.089.144,26	EM NEGOCIAÇÃO
2004	102	2	R$ 33.331,08	R$ 33.331,08	R$ 33.331,08	R$ 9.258,63	R$ 16.665,54	R$ 722.173,44	R$ 1.111.036,06	EM NEGOCIAÇÃO

Fonte: Acervo do autor.

Imóveis lançados sem registro geram consequências preocupantes para o mercado. Contratos de compra e venda, por exemplo, podem ser anulados na justiça. Ainda que isso dependa de uma disputa judicial, a possibilidade existe. Observe o que diz este trecho de um determinado contrato com o qual tive que trabalhar: "As partes têm pleno conhecimento de que o registro do memorial de incorporação ainda não foi concluído, sendo completamente descabida qualquer alegação com base nesse fundamento".

Veja agora outro trecho: **"X.a.** A previsão de entrega do imóvel objeto deste contrato é de 48 (quarenta e oito) meses, contados a partir do registro do Memorial de Incorporação, prazo este que poderá ser prorrogado por mais 180 (cento e oitenta) dias úteis, sem prejuízo das condições estabelecidas". Ou seja, esse contrato prevê o atraso da construtora com base em uma data que nem existe ainda.

O que vemos aqui é que a construtora tem plena ciência de que ainda não possui o memorial de incorporação, mas mesmo assim está vendendo. E o cliente, mesmo ciente dessa ausência, está comprando. "Portanto, cliente, não reclame!" Quando é que a construtora vai entregar o imóvel? Quarenta e oito meses após a emissão do memorial. E quando esse memorial será emitido? Quando a construtora quiser. Se, mesmo assim, o cliente assinar o contrato, ele está, na prática, dando um cheque em branco à construtora, que poderá demorar o tempo que quiser para regularizar a documentação do imóvel, e ainda contar 48 meses depois disso.

Uma construtora experiente consegue lançar e vender rapidamente seus produtos mesmo sem os devidos registros. Isso só me faz pensar em como a falta de informação ainda é grande. Se os investidores tivessem mais informações disponíveis, o cenário seria diferente, pois haveria mais cobrança a respeito do que rege a Lei das Incorporações.

Outra lei importante é a Lei do Patrimônio de Afetação (Brasil, 2004), mais uma que oferece segurança jurídica para o negócio, beneficiando clientes e corretores. Essa lei foi criada nos anos 2000, mais precisamente em 2004, após a quebra da incorporadora Encol. Para quem é novo no mercado, o impacto da falência da Encol pode ser comparado, por exemplo, a uma hipotética quebra da MRV nos dias de hoje — ou seja, um evento de grande repercussão, que deixaria milhares de famílias desamparadas. Diante desse episódio, o Congresso criou essa lei com o objetivo de aumentar a segurança jurídica, blindando os clientes das consequências de possíveis situações adversas pelas quais as construtoras pudessem passar. A lei atua diretamente sobre o patrimônio das construtoras. Se os sócios estiverem com problemas financeiros ou a construtora venha a falir, a lei separa o empreendimento do restante do patrimônio da empresa (ver Figura 3). Portanto, se o patrimônio da empresa precisar ser acionado judicialmente, o empreendimento fica fora da lista e as consequências das adversidades da empresa e dos sócios não atingem os clientes.

Figura 3 – Resumo da Lei 10.931.

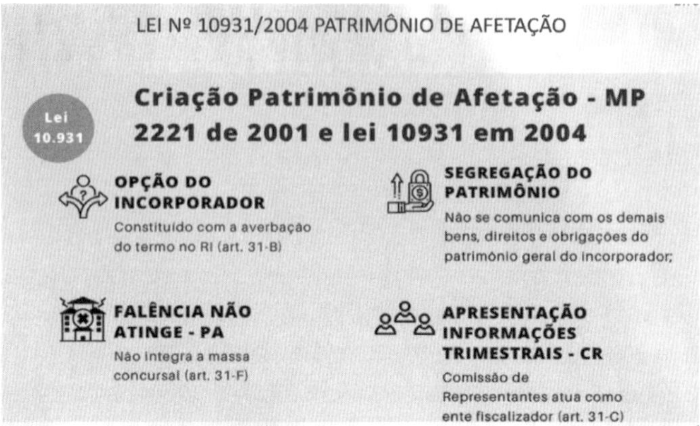

Fonte: Elaborada pelo autor.

Uma ação, infelizmente comum no mercado, é a chamada **pedalada**. Por exemplo: uma construtora lança o empreendimento A, mas esse empreendimento não tem um bom desempenho; então, a construtora lança o empreendimento B, esperando se rentabilizar o suficiente para que o dinheiro de B possa ser realocado e sustentar o A. Há construtoras que vivem pedalando há cinquenta, sessenta anos e ainda estão no mercado, enquanto outras quebraram no meio do caminho. Essas pedaladas podem gerar uma pirâmide financeira que acaba não se sustentando.

Com a blindagem feita pela lei, é criada uma contabilidade específica para esse patrimônio, ou seja, uma conta exclusiva para receber todo e qualquer dinheiro referente àquele empreendimento. Pagamentos relacionados a esse empreendimento também só podem ser efetuados por meio dessa conta, como ações de *marketing*, fornecedores e comissões. Assim, o lucro só pode ser distribuído após a conclusão do empreendimento.

Outra vantagem da Lei do Patrimônio de Afetação, em termos de segurança jurídica, é a fiscalização. Em geral, a construtora deve apresentar um balanço trimestral para a comissão de representantes criada para esse fim, a qual tem o poder de destituir a incorporadora em alguns casos. Obras paradas sem justificativa por sessenta dias, por exemplo, são passíveis de notificação. Se a obra não for retomada, a comissão pode destituir a construtora. Portanto, percebe-se que a comissão de representantes exerce um poder muito grande sobre o empreendimento[1].

Essa lei tem um único defeito: ser facultativa (não obrigatória), ou seja, a empresa pode optar entre construir sob o regime de patrimônio de afetação ou não. Existem muitas obrigações para quem escolhe seguir esse regime. Em compensação, a construtora conta com uma vantagem: a redução da alíquota, entrando no Regime Especial de Tributação (RET). Isso significa pagar 4% de imposto, em vez dos 6% cobrados, por exemplo, no regime de lucro presumido. Então, se o Valor Geral de Vendas (VGV)[2] do empreendimento for de 100 milhões e o imposto for de 4% em vez de de 6%, a margem do resultado fica em 2%, ou seja, dois milhões de reais. Isso é muito bom. Sendo assim, as construtoras que estão capitalizadas preferem atuar sob o regime de patrimônio de afetação, mesmo assumindo mais responsabilidades e lidando com regras rígidas. A diminuição na alíquota, que aumenta a margem de lucro, compensa esse esforço.

Diante de um cliente em dúvida entre dois empreendimentos, por exemplo, se um deles tiver o patrimônio de afetação averbado na matrícula, pode-se explicar isso a ele passando

---

[1] Não se deve confundir a ação da comissão de representantes com as práticas do sistema de condomínio a preço de custo, uma forma de construção de imóveis em que os compradores se tornam sócios e custeiam a obra. É também conhecido como "contrato de construção por administração". Nesse sistema, os compradores pagam o custo integral do imóvel e fiscalizam o empreendimento, assumindo os riscos de inadimplência e variação de custos, enquanto a construtora administra a obra, presta contas periodicamente aos associados e recebe uma taxa administrativa como remuneração.

[2] O Valor Geral de Vendas representa o valor total que se espera arrecadar com a venda de todas as unidades de um empreendimento. É uma métrica importante para avaliar o potencial de vendas de um empreendimento, pois ajuda a contabilizar a receita de um lançamento e estimar a lucratividade do empreendimento. Para calcular o VGV, multiplica-se o valor unitário de venda pelo número total de unidades. O VGV é importante para avaliar potencial de vendas, rentabilidade e se a lucratividade é atrativa o suficiente para dar início ao empreendimento.

as informações e indicando as diferenças entre um e outro, bem como as vantagens de comprar um imóvel já legalizado no lançamento. Agindo assim, valorizando o pilar da segurança jurídica, o cliente passa a enxergar o corretor como um especialista.

Segurança jurídica tornou-se um divisor de águas nos negócios da Jarvis. Por isso, decidimos trabalhar apenas com empresas que atuem sob o regime de patrimônio de afetação e, principalmente, que lancem produtos após o registro do memorial de incorporação. Acontece que a Lei das Incorporações sofreu uma alteração em 2022, incluindo o termo "negociar": não posso efetivamente vender o imóvel, mas posso negociá-lo. E o que significa isso? É o que chamamos de reservar. O corretor consegue fazer uma reserva daquele empreendimento sem envolver dinheiro ou contrato. Assim, estabelece-se uma *promessa* de compra e venda para a futura assinatura do *contrato* quando o imóvel estiver legalizado, com documentação em dia e Registro de Imóveis (RI) emitido. Então, as construtoras que atuam dentro da lei passaram a utilizar o termo de reserva, que representa um compromisso do cliente com a construtora. Com esse termo em mãos, após a emissão do registro do memorial de incorporação, o contrato de compra e venda é assinado e o processo, finalizado.

Em resumo, o pilar da segurança jurídica indica a análise da Lei das Incorporações e da Lei do Patrimônio de Afetação. Portanto, estude detalhadamente a construtora com quem você vai trabalhar, seja prudente e verifique se está tudo certo com cada produto da empresa escolhida. Não podemos deixar que nada coloque em risco a nossa reputação como corretores.

Pilar 2 – Ciclo de lançamento

É preciso entender o tempo entre o lançamento, ou seja, a disponibilização para a venda, e a entrega do empreendimento. Parece simples e óbvio, mas algumas construtoras maiores, por exemplo, têm a prática de limpar o terreno, construir um belo estande, às vezes com um apartamento decorado, e manter essa ação por um, dois, até três anos antes iniciar a obra. Depois que a obra começa, ainda se contam por volta de 36 a 48 meses para a conclusão. Isso significa um ciclo de 6 a 7 anos que pode inviabilizar completamente o retorno do investimento.

Vou fazer algumas contas para demonstrar a importância de saber qual é o ciclo de lançamento do empreendimento, e o ponto-chave é o tempo até a entrega do imóvel após o início das obras. Você verá como é possível, inclusive, assumir um valor maior por metro quadrado se o imóvel tiver um ciclo de lançamento menor que o padrão.

Digamos que um imóvel tenha uma previsão de entrega pós-lançamento de 48 meses, mas a construtora A demora dois anos para iniciar a obra. Com esse atraso, o ciclo passa de 48 para 72 meses, totalizando seis anos. Já a construtora B consegue lançar o empreendimento e começar a obra de imediato, o que pode acabar encurtando o ciclo, porque a construtora está usando capital próprio. Com os últimos produtos trabalhados pela Jarvis foi assim. Dessa forma, quanto mais rápido uma empresa constrói, mais rápido ela gera resultados, justamente porque o fluxo de pagamento — o terceiro pilar, que veremos a seguir — é menor durante a obra, deixando uma parcela maior para depois da entrega. As construtoras precisam realizar o empreendimento o mais rápido possível, porque a maior parte dos recursos virá depois da obra pronta, por meio de financiamentos, consórcios ou quitações. Nesse cenário, a construtora B, que trabalhou entre 36 e 48 meses, gerou um ciclo de pelo menos 3 a 4 anos entre lançamento e entrega.

Quando o material de divulgação anuncia “esse aqui está mais barato”, a conta do ciclo não está explícita. O cliente comum tende a se concentrar na comparação entre barato e caro, seja no valor da parcela ou no preço por metro quadrado. Mas o investidor observa outros fatores. Um produto voltado para investimento tem um fluxo de pagamento, ou desembolso, reduzido. Isso significa que a maior parte do valor será paga após a conclusão da obra, o que gera um saldo maior para correção. Durante a obra, o INCC é o índice que realiza essa correção. Se uma obra demora mais dois anos, por exemplo, são dois anos adicionais de correção pelo INCC e dois anos a menos de aluguel recebido.

Acompanhe este raciocínio: o produto A, da construtora A, tem um ciclo de seis anos; o produto B, da construtora B, tem um ciclo de quatro anos. A diferença é de dois anos. Digamos que os produtos A e B atinjam um desempenho de aproximadamente três mil reais de locação mensal; já são 36 mil ao ano. No caso do produto A, esses dois anos representam 72 mil reais de locação que deixariam de entrar no meu bolso por conta do ciclo de lançamento mais longo. Além disso, seriam mais dois anos de correção do saldo. Se o INCC estiver em torno de 6 a 7% ao ano, seguindo a média histórica, imagine o valor do saldo acrescido desse percentual. Portanto, quando o ciclo de lançamento não está entre 36 e 48 meses, o retorno do investimento fica prejudicado. Por isso, na Jarvis, procuramos trabalhar sempre com produtos que tenham *performance* de 36 a 48 meses.

Com os imóveis em regiões litorâneas, porém, esse cenário é um pouco diferente; logo, essa conta não se aplica a todos os mercados. No mercado de praia, os imóveis têm um ciclo um pouco menor, entre 18 e 24 meses — 30 meses no máximo. Entretanto, o que se vê muito são construtoras grandes, atuantes em regiões metropolitanas, tentando ingressar nesse mercado com a prática do ciclo de 36 a 48 meses — um mercado que não comporta esse tipo de ciclo de lançamento, pois apresenta alta oscilação. Veja: qualquer coisa que acontece na atividade econômica do país faz as pessoas deixarem de viajar, de comprar a casa própria ou a segunda moradia. Por isso, o mercado de praia precisa de agilidade, já que sua procura muda muito rápido. Dessa forma, é importante entender que a conta apresentada aqui é voltada para o produto da região metropolitana, em praças maiores, e não se aplica a alguns mercados específicos.

Podemos concluir que o ciclo ideal entre lançar e entregar um empreendimento é de 36 a 48 meses. Mas, atenção: esse não é o tempo da obra, e sim o tempo total entre lançar um produto e começar as obras.

Pilar 3 – Fluxo de pagamento

O fluxo de pagamento dá conta basicamente da tabela de preços do empreendimento. A tabela oferece uma visão clara da realidade do investimento do cliente e da contrapartida da construtora nesse fluxo. Se o pilar do ciclo de lançamento definiu o período ideal da obra, o pilar do fluxo de pagamento vai analisar o desembolso do cliente durante essa obra. Por que isso é importante? Para analisar a segurança financeira da construtora.

Primeiro ponto: a tabela de preços. Se a tabela obriga o pagamento de 60 a 70% do valor do empreendimento durante a obra, a construtora está trabalhando com o dinheiro do cliente. Caso contrário, precisa captar recursos ou usar a estratégia de oferecer de 40 a 50% de pagamento durante a obra. Diante disso, pode haver um atraso de dois ou três anos capitalizando os recursos recebidos dos clientes para só então iniciar a construção — ou seja, a construtora usa o dinheiro deles para construir. Uma construtora que inicie a obra de forma rápida, imediatamente após lançar o empreendimento, e tenha um fluxo em que o desembolso do cliente durante o período de obra seja o menor possível é o melhor dos cenários. Quanto menor o desembolso durante a obra, maior será o retorno.

Existem clientes que não gostam de financiamento bancário, mas o pagamento à vista não compensa nesse cenário ideal. Estamos em um momento do mercado com o INCC estabilizado. A maior alta do INCC foi durante a pandemia, quando chegou a atingir por volta de 10%, números muito pesados para os padrões do mercado. O Brasil sempre conviveu com juros altos, então é preciso ficar atento. A SELIC a 2% dificilmente será vista de novo. Portanto, o país é muito propício para quem quer viver de renda, de poupança, e deixar o dinheiro guardado. A margem de lucro pode chegar a 10%, ou até 12%, ao ano, e não são todas as construtoras que conseguem oferecer esses índices — apenas poucas o fazem. Assim, é mais fácil deixar o dinheiro guardado, rendendo em fundos de renda fixa e aproveitando as altas da SELIC, do que comprar um imóvel na planta para tentar alcançar essa curva de valorização com um desembolso pequeno, já que a correção do INCC será menor do que o rendimento oferecido pelo banco. O melhor mesmo é aplicar o dinheiro e pagar o INCC. Mas essas transações e oportunidades demandam monitoramento do mercado. Se o INCC sobe e os juram baixam, por exemplo, é melhor amortizar a dívida, adiantando pagamentos.

Quando falo de desembolso pequeno, refiro-me a um ideal de 35% do valor total a ser pago durante a obra. Esse número força um comprometimento da construtora em fazer a obra avançar. Imagine que todas as unidades de um empreendimento foram vendidas durante o período de obra — o que hoje é algo comum, a depender do ciclo do mercado em que se esteja —; a construtora vai receber 35% do valor nesse período. Desses 35%, 5% já foram gastos com comissões de corretores; de 4% a 6%, a depender do Patrimônio de Afetação, são destinados a impostos; projetos, licenças e despesas administrativas somam 10%. Seguindo essa conta, sobram de 12% a 15% para serem efetivamente colocados na obra. A construtora que tem 35% do valor total durante a obra está capitalizada e, se inicia a obra de imediato, está passando a mensagem de que não precisa do dinheiro do cliente para concretizá-la. Independentemente das vendas, ela vai entregar o prédio pronto. Nesse ponto, estamos falando também do pilar da segurança jurídica e do patrimônio de afetação. Então, o risco é mínimo, considerando que haverá de três a quatro anos de ciclo de obra em que o cliente vai desembolsar apenas 35% do valor total, e de forma parcelada. Essa é a segurança do negócio. A partir disso e apenas observando a tabela de preços, já é possível entender a segurança financeira que a construtora garante.

Segundo ponto: o produto financeiro. Um produto financeiro precisa se pagar. Então, diminuir o desembolso durante a obra faz com que a maior parte do pagamento seja feita depois do imóvel ser entregue. O cliente pode entrar com financiamento bancário, consórcio ou até mesmo quitar a dívida, deixando o imóvel totalmente pago. Perceba que, dessa maneira, o próprio imóvel vai trabalhar para o cliente, pois um desembolso pequeno gera alavancagem patrimonial. Pagando apenas 35% durante a obra, o cliente pode comprar um, dois ou até três imóveis.

Tenho clientes na Jarvis que atuam com uma metodologia bem desenhada — e, geralmente, compram dois imóveis. Quando o produto está 100% vendido e em processo de finalização da fachada, por exemplo, a procura por esses apartamentos aumenta. Então, os clientes aproveitam o lucro vindo da curva de valorização de 15%, 20% ou até 30% no período de obra e abatem a dívida do outro imóvel. Essa estratégia também gera uma boa alavancagem patrimonial.

Portanto, em se tratando de fluxo de pagamentos, o primeiro ponto é a segurança financeira da consultora; o segundo, o desembolso reduzido, que permite ao cliente obter um retorno maior, capaz de fazer com que o próprio imóvel se pague.

A seguir, apresento alguns exemplos para que você possa visualizar como a tabela de preços impacta o resultado. A tabela da Figura 4, por exemplo, é tão descabida que eu nem a analisaria considerando fins de investimento e conta financeira.

Figura 4 – Exemplo de tabela de preços com sinal alto.

INÍCIO DAS OBRAS: OUTUBRO DE 2021
TÉRM. DAS OBRAS: PREVISTO PARA MARÇO DE 2025
MEMORIAL DE INCORPORAÇÃO MATRÍCULA N.º 11.393
CORREÇÃO INCC - ÍNDICE NACIONAL DA CONSTRUÇÃO CIVIL - APÓS ENTREGA IGPM MAIS 1% a.m.

Apt.º	Área Útil m²	Preço à Vista	Sinal	Chaves	06 Semes.	48 Mensais	Reservas
101	60,00	492.000,00	196.800,00	49.200,00	12.300,00	3.587,50	
103	60,00	492.000,00	196.800,00	49.200,00	12.300,00	3.587,50	
104	60,00	492.000,00	196.800,00	49.200,00	12.300,00	3.587,50	
106	60,00	492.000,00	196.800,00	49.200,00	12.300,00	3.587,50	
201	60,00	498.000,00	199.200,00	49.800,00	12.450,00	3.631,25	
203	60,00	498.000,00	199.200,00	49.800,00	12.450,00	3.631,25	
406	60,00	504.000,00	201.600,00	50.400,00	12.600,00	3.675,00	
601	60,00	510.000,00	204.000,00	51.000,00	12.750,00	3.718,75	
603	60,00	510.000,00	204.000,00	51.000,00	12.750,00	3.718,75	
701	60,00	516.000,00	206.400,00	51.600,00	12.900,00	3.762,50	
703	60,00	516.000,00	206.400,00	51.600,00	12.900,00	3.762,50	
806	60,00	528.000,00	211.200,00	52.800,00	13.200,00	3.850,00	
901	60,00	534.000,00	213.600,00	53.400,00	13.350,00	3.893,75	
1001	60,00	540.000,00	216.000,00	54.000,00	13.500,00	3.937,50	

Fonte: Acervo do autor.

Veja a unidade 101, por exemplo, cujo valor à vista é 492 mil reais, com sinal indicado em 196.800 reais. Isso representa uma entrada de 40% do valor do imóvel, o que significa mais ou menos 70% do pagamento durante a obra. O restante será quitado no pós-obra.

Na próxima tabela, o sinal é de 20%. Sendo assim, o fluxo de pagamento é todo durante a obra, o que impulsiona o aumento das parcelas futuras — em 24, 36 ou 48 meses. E parcelas muito altas trazem dificuldades na hora de encontrar e engajar clientes.

Figura 5 - Exemplo de tabela de preços com sinal baixo.

UNIDADES HABITACIONAIS		VALORES								
		À Vista	Status	Entrada	Parcelamento Mensal	Parcelamento Mensal			Duas Intercaladas	Parcela Chaves
Und	Área Privativa Real (m²)			1x (SINAL)	24x	36x	48x	60x		1x (CHAVES)
101	51,84	492.936,04		98.587,21	12.323,40	8.215,60	6.161,70	4.929,36	36.970,20	24.646,80
102	48,51	492.620,31		98.524,06	12.315,51	8.210,34	6.157,75	4.926,20	36.946,52	24.631,02
103	44,59	496.035,63	Vendido							
104	48,63	525.265,03		105.053,01	13.131,63	8.754,42	6.565,81	5.252,65	39.394,88	26.263,25
105	49,42	533.798,02		106.759,60	13.344,95	8.896,63	6.672,48	5.337,98	40.034,85	26.689,90
106	47,39	538.121,29		107.624,26	13.453,03	8.968,69	6.726,52	5.381,21	40.359,10	26.906,06
107	47,76	480.594,92		96.118,98	12.014,87	8.009,92	6.007,44	4.805,95	36.044,62	24.029,75
108	46,50	459.330,29		91.866,06	11.483,26	7.655,50	5.741,63	4.593,30	34.449,77	22.966,51
109	46,63	430.480,79		86.096,16	10.762,02	7.174,68	5.381,01	4.304,81	32.286,06	21.524,04
201	51,84	500.330,08		100.066,02	[illegible]	8.338,83	6.254,13	5.003,30	37.524,76	25.016,50
202	48,51	500.009,62		100.001,92	12.500,24	8.333,49	6.250,12	5.000,10	37.500,72	25.000,48
203	44,59	503.476,17	Vendido							

Fonte: Acervo do autor.

Se for um *expert*, o cliente já acumulou bastante conhecimento para comprar esse tipo de produto apenas se houver uma grande vantagem financeira no ato da compra. E essa vantagem está no desconto que esse cliente *expert* recebe quando tem a chance de comprar uma unidade na pré-venda, mesmo que o desembolso inicial seja maior. Boas condições na pré-venda acabam filtrando os clientes. Com frequência, o giro de produtos para investimento diminui depois do lançamento e da divulgação da tabela de preços. Dessa forma, os *experts* muitas vezes nem consideram empreendimentos já lançados, vão direto em busca de novos produtos que ainda estejam na tabela de pré-venda. Esse é o cliente que chamamos de "caçador de primeira tabela".

Da mesma maneira que parcelas baixas atraem investidores, tabelas altas, variando de seis a doze mil reais, afastam tanto os investidores experientes quanto os novatos, que ainda estão lidando com o dinheiro "que sobrou" na conta e que ainda não construíram um fluxo de caixa para girar entre vários imóveis ao mesmo tempo. No meu estado, Alagoas, as pessoas investem muito em imóveis, e os clientes buscam fazer um aporte financeiro em uma parcela que caiba no seu orçamento. Parcelas altas não são boas nesse sentido. Com esse tipo de parcela, uma construtora visa um investidor com alto poder de compra. Acontece que investidores com esse perfil não apostam em produtos de 400 mil reais, por exemplo, que têm sido os mais lançados ultimamente. Esse cliente está em outro nível, buscando outros voos, com riscos um pouco maiores, mas também com maior rentabilidade. O que fica parecendo, nesse caso, é que a construtora não definiu bem o seu PCI e acabou errando a tabela.

Em períodos de excesso de ofertas, como o que começou em 2024, a construtora precisa ser extremamente assertiva em todos esses pilares: desde a segurança jurídica, passando pelo ciclo de lançamento, até o fluxo de pagamento. Acertar na tabela é fundamental. Mesmo que o produto esteja alinhado em todos os pilares, se a tabela não estiver, as vendas perderão velocidade.

A tabela da Figura 6 ajuda a entender as vantagens de uma parcela baixa. Quando o sinal é pequeno e ainda é dividido em três vezes, como vemos a seguir, é possível alcançar parcelas mensais de cerca de dois mil reais. Esse valor favorece outros tipos de divisão, como as parcelas semestrais intercaladas, e deixa o restante para o financiamento bancário. Esse tipo de tabela, com variadas possibilidades de parcelamento, amplia muito o leque de clientes.

Figura 6 – Exemplo de tabela de preços com parcelas baixas.

PREÇO A VISTA (R$)	SINAL	30 DIAS	60 DIAS	45 MENSAIS	7 INTERCALADAS SEMESTRAIS	FINANCIAMENTO BANCÁRIO
R$ 807.900,00	R$ 24.237,00	R$ 24.237,00	R$ 24.237,00	R$ 2.333,93	R$ 15.003,86	R$ 525.135,00
R$ 818.900,00	R$ 24.567,00	R$ 24.567,00	R$ 24.567,00	R$ 2.365,71	R$ 15.208,14	R$ 532.285,00
R$ 832.900,00	R$ 24.987,00	R$ 24.987,00	R$ 24.987,00	R$ 2.406,16	R$ 15.468,14	R$ 541.385,00
R$ 844.900,00	R$ 25.347,00	R$ 25.347,00	R$ 25.347,00	R$ 2.440,82	R$ 15.691,00	R$ 549.185,00
R$ 855.900,00	R$ 25.677,00	R$ 25.677,00	R$ 25.677,00	R$ 2.472,60	R$ 15.895,29	R$ 556.335,00
R$ 869.900,00	R$ 26.097,00	R$ 26.097,00	R$ 26.097,00	R$ 2.513,04	R$ 16.155,29	R$ 565.435,00
R$ 884.900,00	R$ 26.547,00	R$ 26.547,00	R$ 26.547,00	R$ 2.556,38	R$ 16.433,86	R$ 575.185,00
R$ 897.900,00	R$ 26.937,00	R$ 26.937,00	R$ 26.937,00	R$ 2.593,93	R$ 16.675,29	R$ 583.635,00
R$ 910.900,00	R$ 27.327,00	R$ 27.327,00	R$ 27.327,00	R$ 2.631,49	R$ 16.916,71	R$ 592.085,00
R$ 922.900,00	R$ 27.687,00	R$ 27.687,00	R$ 27.687,00	R$ 2.666,16	R$ 17.139,57	R$ 599.885,00
R$ 701.900,00	R$ 21.057,00	R$ 21.057,00	R$ 21.057,00	R$ 2.027,71	R$ 13.035,29	R$ 456.235,00
R$ 713.900,00	R$ 21.417,00	R$ 21.417,00	R$ 21.417,00	R$ 2.062,38	R$ 13.258,14	R$ 464.035,00
R$ 725.900,00	R$ 21.777,00	R$ 21.777,00	R$ 21.777,00	R$ 2.097,04	R$ 13.481,00	R$ 471.835,00
R$ 735.900,00	R$ 22.077,00	R$ 22.077,00	R$ 22.077,00	R$ 2.125,93	R$ 13.666,71	R$ 478.335,00
R$ 745.900,00	R$ 22.377,00	R$ 22.377,00	R$ 22.377,00	R$ 2.154,82	R$ 13.852,43	R$ 484.835,00
R$ 756.900,00	R$ 22.707,00	R$ 22.707,00	R$ 22.707,00	R$ 2.186,60	R$ 14.056,71	R$ 491.985,00
R$ 768.900,00	R$ 23.067,00	R$ 23.067,00	R$ 23.067,00	R$ 2.221,27	R$ 14.279,57	R$ 499.785,00
R$ 780.900,00	R$ 23.427,00	R$ 23.427,00	R$ 23.427,00	R$ 2.255,93	R$ 14.502,43	R$ 507.585,00
R$ 791.900,00	R$ 23.757,00	R$ 23.757,00	R$ 23.757,00	R$ 2.287,71	R$ 14.706,71	R$ 514.735,00

R$ 761.900,00	R$ 22.857,00	R$ 22.857,00	R$ 22.857,00	R$ 2.201,04	R$ 14.149,57	R$ 495.235,00
R$ 773.900,00	R$ 23.217,00	R$ 23.217,00	R$ 23.217,00	R$ 2.235,71	R$ 14.372,43	R$ 503.035,00
R$ 796.900,00	R$ 23.907,00	R$ 23.907,00	R$ 23.907,00	R$ 2.302,16	R$ 14.799,57	R$ 517.985,00
R$ 486.900,00	R$ 14.607,00	R$ 14.607,00	R$ 14.607,00	R$ 1.406,60	R$ 9.042,43	R$ 316.485,00
R$ 492.900,00	R$ 14.787,00	R$ 14.787,00	R$ 14.787,00	R$ 1.423,93	R$ 9.153,86	R$ 320.385,00
R$ 516.900,00	R$ 15.507,00	R$ 15.507,00	R$ 15.507,00	R$ 1.493,27	R$ 9.599,57	R$ 335.985,00
R$ 522.900,00	R$ 15.687,00	R$ 15.687,00	R$ 15.687,00	R$ 1.510,60	R$ 9.711,00	R$ 339.885,00
R$ 530.900,00	R$ 15.927,00	R$ 15.927,00	R$ 15.927,00	R$ 1.533,71	R$ 9.859,57	R$ 345.085,00
R$ 537.900,00	R$ 16.137,00	R$ 16.137,00	R$ 16.137,00	R$ 1.553,93	R$ 9.989,57	R$ 349.635,00
R$ 546.900,00	R$ 16.407,00	R$ 16.407,00	R$ 16.407,00	R$ 1.579,93	R$ 10.156,71	R$ 355.485,00
R$ 513.900,00	R$ 15.417,00	R$ 15.417,00	R$ 15.417,00	R$ 1.484,60	R$ 9.543,86	R$ 334.035,00
R$ 520.900,00	R$ 15.627,00	R$ 15.627,00	R$ 15.627,00	R$ 1.504,82	R$ 9.673,86	R$ 338.585,00
R$ 527.900,00	R$ 15.837,00	R$ 15.837,00	R$ 15.837,00	R$ 1.525,04	R$ 9.803,86	R$ 343.135,00
R$ 535.900,00	R$ 16.077,00	R$ 16.077,00	R$ 16.077,00	R$ 1.548,16	R$ 9.952,43	R$ 348.335,00
R$ 544.900,00	R$ 16.347,00	R$ 16.347,00	R$ 16.347,00	R$ 1.574,16	R$ 10.119,57	R$ 354.185,00
R$ 552.900,00	R$ 16.587,00	R$ 16.587,00	R$ 16.587,00	R$ 1.597,27	R$ 10.268,14	R$ 359.385,00
R$ 558.900,00	R$ 16.767,00	R$ 16.767,00	R$ 16.767,00	R$ 1.614,60	R$ 10.379,57	R$ 363.285,00
R$ 568.900,00	R$ 17.067,00	R$ 17.067,00	R$ 17.067,00	R$ 1.643,49	R$ 10.565,29	R$ 369.785,00
R$ 576.900,00	R$ 17.307,00	R$ 17.307,00	R$ 17.307,00	R$ 1.666,60	R$ 10.713,86	R$ 374.985,00

Fonte: Acervo do autor.

Em relação a financiamento bancário, gosto de fazer uma conta para ajudar o cliente a entender se o imóvel vai se pagar — ou, pelo menos, chegar próximo disso. É simples: a cada 100 mil reais do valor financiado, paga-se mil reais de parcela. Então, se eu trabalho com uma tabela que propõe 500 mil reais para financiamento, significa que terei parcelas de 5 mil reais. Acrescentando IPTU e condomínio, esse apartamento terá um custo total de cerca de 6 mil reais depois de pronto. Se o retorno desse investimento ficar na casa dos 5 ou 6 mil reais, tudo bem. Se ficar acima disso, será perfeito. Portanto, todo o foco deve estar em fazer com que o imóvel fique o mais próximo possível dessa conta. É importante dizer que esse é um cálculo aproximado, pois ainda é necessário acrescentar as variáveis, como a taxa de juros do momento e a correção do INCC. De qualquer forma, para atingir essa alta *performance*, a construtora precisa estar bem alinhada com os pilares que estou apresentando aqui. Nessas condições, o retorno que o empreendimento dá é o ideal: o custo é compensado e ainda valoriza o capital do investidor.

A tabela da Figura 7 traz a construtora Moura Dubeux novamente, porque é um exemplo de tabela de 35% de investimento durante a obra.

Aqui temos 9% do valor total como sinal, 19% em parcelas — mensais, variando entre 1.800 e 1.900 reais, e intercaladas — e 65% do valor para financiamento. Isso significa 226 mil reais financiados, com parcelas mensais de cerca de 2 mil reais e rendimento em torno de 3 mil reais. Veja como a conta fecha perfeitamente. O imóvel se paga e começa a retornar o capital desembolsado — isso sem contar a valorização alcançada no período de obra.

Figura 7 – Exemplo de tabela de preços da Moura Dubeux com 35% durante a obra.

CONCEPT JATIÚCA

Rua Marechal Arthur Alvim Câmara, 116 - Jatiúca - Maceió - AL

CONCEPT JATIÚCA

APARTAMENTOS

Áreas privativas:	**Áreas privativas - MEZANINO**
Terminação 2, 3, 4, 5, 6, 7, 10, 11, 12, 13, 14, 15: **28,43 m²** Terminação 1: **26,01 m²** Terminação 8: **29,46 m²** Terminação 9: **31,33 m²** Terminação 16: **29,02 m²** Terminação 17: **31,11 m²** Terminação 18: **25,40 m²** Terminação 19: **25,62 m²** Terminação 20: **62,65m²**	Terminação 001: **41,00 m²** Terminação 002: **28,43 m²** Terminação 003: **28,43 m²** Terminação 004: **28,43 m²** Terminação 005: **28,43 m²** Terminação 005: **28,43 m²** Terminação 006: **28,43 m²** Terminação 007: **28,43 m²** Terminação 008: **28,50m²** Terminação 009: **40,89m²**

TABELA ATUALIZADA EM 20/08/2023

CORREÇÃO PELO IGPM + 1 APÓS EXPEDIÇÃO DO HABITE-SE	*CORREÇÃO PELO INCC DURANTE A OBRA.*

As áreas comuns serão entregues equipadas e decoradas

Registro de incorporação R.2 com Matricula nº 204.977 do 1º Cartório de Registro de Imóveis e Hipotecas de Maceió - AL

Esta tabela pode ser alterada pela Construtora sem aviso prévio

UNIDADES	QUANT.	ÁREA	VALOR TOTAL	CONTRATO 9%	35 MENSAIS 19%	5 INTEC SEMESTRAIS	FIN 65%	STATUS
001	1	41,00	R$ 502.946,11	R$ 45.265,15	R$ 2.730,28	R$ 7.041,25	R$ 326.914,97	EM NEGOCIAÇÃO
002	1	28,43	R$ 348.750,19	R$ 31.387,52	R$ 1.893,22	R$ 4.882,50	R$ 226.687,62	
003	1	28,43	R$ 348.750,19	R$ 31.387,52	R$ 1.893,22	R$ 4.882,50	R$ 226.687,62	
004	1	28,43	R$ 348.750,19	R$ 31.387,52	R$ 1.893,22	R$ 4.882,50	R$ 226.687,62	
005	1	28,43	R$ 348.750,19	R$ 31.387,52	R$ 1.893,22	R$ 4.882,50	R$ 226.687,62	
006	1	28,43	R$ 348.750,19	R$ 31.387,52	R$ 1.893,22	R$ 4.882,50	R$ 226.687,62	
008	1	28,50	R$ 349.608,88	R$ 31.464,80	R$ 1.897,88	R$ 4.894,52	R$ 227.245,77	
009	1	40,89	R$ 501.596,74	R$ 45.143,71	R$ 2.722,95	R$ 7.022,35	R$ 326.037,88	
601	1	26,01	R$ 330.711,16	R$ 29.764,00	R$ 1.795,29	R$ 4.629,96	R$ 214.962,25	EM NEGOCIAÇÃO
801	1	26,01	R$ 337.374,92	R$ 30.363,74	R$ 1.831,46	R$ 4.723,25	R$ 219.293,70	EM NEGOCIAÇÃO
102	1	28,43	R$ 343.781,52	R$ 30.940,34	R$ 1.866,24	R$ 4.812,94	R$ 223.457,99	
103	1	28,43	R$ 343.781,52	R$ 30.940,34	R$ 1.866,24	R$ 4.812,94	R$ 223.457,99	
104	1	28,43	R$ 343.781,52	R$ 30.940,34	R$ 1.866,24	R$ 4.812,94	R$ 223.457,99	
106	1	28,43	R$ 343.781,52	R$ 30.940,34	R$ 1.866,24	R$ 4.812,94	R$ 223.457,99	
204	1	28,43	R$ 347.254,06	R$ 31.252,87	R$ 1.885,09	R$ 4.861,56	R$ 225.715,14	
205	1	28,43	R$ 347.254,06	R$ 31.252,87	R$ 1.885,09	R$ 4.861,56	R$ 225.715,14	EM NEGOCIAÇÃO
206	1	28,43	R$ 347.254,06	R$ 31.252,87	R$ 1.885,09	R$ 4.861,56	R$ 225.715,14	EM NEGOCIAÇÃO
207	1	28,43	R$ 347.254,06	R$ 31.252,87	R$ 1.885,09	R$ 4.861,56	R$ 225.715,14	EM NEGOCIAÇÃO
406	1	28,43	R$ 354.304,72	R$ 31.887,42	R$ 1.923,37	R$ 4.960,27	R$ 230.298,07	EM NEGOCIAÇÃO FINAL
504	1	28,43	R$ 357.883,56	R$ 32.209,52	R$ 1.942,80	R$ 5.010,37	R$ 232.624,31	
505	1	28,43	R$ 357.883,56	R$ 32.209,52	R$ 1.942,80	R$ 5.010,37	R$ 232.624,31	
506	1	28,43	R$ 357.883,56	R$ 32.209,52	R$ 1.942,80	R$ 5.010,37	R$ 232.624,31	

Fonte: Acervo do autor.

Já a tabela da Figura 8 é de um produto desenvolvido pela Jarvis. A primeira ação foi analisar o PCI, e verificamos que o produto seria ideal para clientes que estivessem em busca de parcelas pequenas. Tínhamos clientes com esse perfil em nossa base, aqueles que já vinham investindo em alguns apartamentos e procuravam o melhor resultado com parcelas baixas. Com essa análise em mãos, conversamos com a construtora, e o tempo de construção do produto, que seria de 36 meses, passou para 48. Assim, foi possível melhorar o fluxo de pagamentos para que não houvesse parcelas intercaladas — ou "parcelas balão", como são chamadas em algumas cidades. Assim, o cliente não precisou fazer aportes semestrais, trimestrais ou anuais; investiu apenas 10% do valor final como sinal, 25% em parcelas e financiou o restante. A conta fechou redonda.

Esse empreendimento foi um sucesso. Trabalhamos com as reservas durante o período de obtenção e registro em cartório de todas as licenças (geralmente entre 30 e 60 dias).

Figura 8 - Exemplo de tabela de preços de produto Jarvis com parcelas pequenas.

UNID.	ÁREA (m2) APR	VAGAS DE ESTACIONAMENTO	PREÇO	SINAL	48 MENSAIS	FINANCIAMENTO BANCÁRIO	SITUAÇÃO
1001	27,15	ROTATIVA	R$ 460.734,75	R$ 46.073,48	R$ 2.399,66	R$ 299.477,59	
1101	27,15	ROTATIVA	R$ 469.554,75	R$ 46.955,48	R$ 2.445,60	R$ 305.210,59	
1201	27,15	ROTATIVA	R$ 479.477,25	R$ 47.947,73	R$ 2.497,28	R$ 311.660,21	
1301	27,15	ROTATIVA	R$ 489.399,75	R$ 48.939,98	R$ 2.548,96	R$ 318.109,84	
1401	27,15	ROTATIVA	R$ 496.014,75	R$ 49.601,48	R$ 2.583,41	R$ 322.409,59	
1102	26,01	ROTATIVA	R$ 450.812,25	R$ 45.081,23	R$ 2.347,98	R$ 293.027,96	
1202	26,01	ROTATIVA	R$ 458.529,75	R$ 45.852,98	R$ 2.388,18	R$ 298.044,34	
1302	26,01	ROTATIVA	R$ 466.247,25	R$ 46.624,73	R$ 2.428,37	R$ 303.060,71	
1103	26,01	ROTATIVA	R$ 450.812,25	R$ 45.081,23	R$ 2.347,98	R$ 293.027,96	
1203	26,01	ROTATIVA	R$ 458.529,75	R$ 45.852,98	R$ 2.388,18	R$ 298.044,34	
1104	26,01	ROTATIVA	R$ 450.812,25	R$ 45.081,23	R$ 2.347,98	R$ 293.027,96	
1106	26,01	ROTATIVA	R$ 450.812,25	R$ 45.081,23	R$ 2.347,98	R$ 293.027,96	
1206	26,01	ROTATIVA	R$ 458.529,75	R$ 45.852,98	R$ 2.388,18	R$ 298.044,34	
1107	26,01	ROTATIVA	R$ 450.812,25	R$ 45.081,23	R$ 2.347,98	R$ 293.027,96	
1108	26,01	ROTATIVA	R$ 450.812,25	R$ 45.081,23	R$ 2.347,98	R$ 293.027,96	
1208	26,01	ROTATIVA	R$ 458.529,75	R$ 45.852,98	R$ 2.388,18	R$ 298.044,34	
1109	26,01	ROTATIVA	R$ 450.812,25	R$ 45.081,23	R$ 2.347,98	R$ 293.027,96	
1209	26,01	ROTATIVA	R$ 458.529,75	R$ 45.852,98	R$ 2.388,18	R$ 298.044,34	
1110	27,05	ROTATIVA	R$ 462.939,75	R$ 46.293,98	R$ 2.411,14	R$ 300.910,84	
811	53,81	1 VAGA	R$ 915.495,00	R$ 91.549,50	R$ 4.768,20	R$ 595.071,75	
911	53,81	1 VAGA	R$ 934.395,00	R$ 93.439,50	R$ 4.866,64	R$ 607.356,75	
1011	53,81	1 VAGA	R$ 952.245,00	R$ 95.224,50	R$ 4.959,61	R$ 618.959,25	
1111	53,81	1 VAGA	R$ 972.195,00	R$ 97.219,50	R$ 5.063,52	R$ 631.926,75	
1211	53,81	1 VAGA	R$ 991.095,00	R$ 99.109,50	R$ 5.161,95	R$ 644.211,75	

Fonte: Acervo do autor.

A partir da emissão do memorial de incorporação, em dois meses, fechamos a venda de 150 unidades para clientes da nossa base, antes mesmo de haver o lançamento do produto no mercado. Esse se tornou o maior *case* da construtora, porque alinhamos todos os pilares, principalmente fluxo de pagamento e patrimônio de afetação.

Com as tabelas de preços, consegue-se evidenciar para o cliente que o fluxo de pagamento revela a solidez da construtora, indicando um risco maior ou menor, um retorno maior ou menor. Quanto mais dinheiro é desembolsado, maior é seu custo, pois esse mesmo montante poderia estar rendendo — poderia estar trabalhando para o cliente de alguma outra forma. Esse é o raciocínio financeiro que gosto sempre de apresentar ao meu cliente: se o desembolso é menor, o valor investido tende a gerar maior retorno, ou seja, trabalha para o cliente e passa a ser mais valorizado. Ainda melhor, é o cenário em que o produto consegue se pagar.

A tabela de pagamentos é decisiva para definir o PCI, demonstrar a solidez da construtora e prever o nível de risco do produto e o retorno do cliente.

Pilar 4 – Conceito de produto

Para trabalhar o pilar conceito do produto, é imprescindível entender o PCI. A partir desse conhecimento, tudo muda.

As construtoras estão acostumadas a criar um produto a partir das "vozes da nossa cabeça", ou seja, sem embasamento, e oferecê-lo para as imobiliárias trabalharem. Então, o básico é feito: reunir informações, produzir um *book* com imagens de alta qualidade e publicar anúncios patrocinados. E aí surge uma espécie de febre, quando o produto a ser lançado atrai todos os corretores do mercado e toma conta das redes sociais, aparecendo em todos os *feeds*, impulsionado pelo algoritmo. Mas essa febre arrefece, os corretores partem para atacar outro produto, e aquele anterior fica parado. Isso acontece porque as construtoras primeiro lançam o produto para só depois criar a demanda. É aí que ocorre o erro, a meu ver, pois não deveria ser o produto pelo produto, e sim pelo porquê de as pessoas precisarem daquele produto. Quando invertemos essa lógica, passamos a criar um produto para uma demanda que já existe. Por que vou quebrar a cabeça criando algo que eu não sei para quem vender?

Veja este exemplo: alguns anos atrás, vendi um apartamento para um cliente que tinha a intenção de fazer locação por temporada. O produto se encaixava muito bem nesse perfil, estava localizado em uma excelente região, tinha área de lazer e abundância de serviços, tanto no prédio como no entorno. Acontece que o empreendimento era predominantemente residencial e, em assembleia — e, nesse caso, a decisão da assembleia é soberana —, o condomínio decidiu que não poderia mais haver locação por temporada ali. Essa decisão gerou um grande transtorno, o cliente ficou chateado, mas entendeu. Revendemos o apartamento e ele reinvestiu o dinheiro. A questão é que, se eu tivesse entendido o conceito desse produto antes, jamais teria oferecido algo que pudesse gerar dúvida ou frustração ao meu cliente.

É muito comum encontrar no mercado apartamentos de um, dois e três quartos no mesmo edifício. Essas opções acabam reunindo, em um único lugar, o investidor que faz locação anual, o que aluga por temporada e o morador. É o que chamamos de "mistão". Temos, assim, um *mix* de clientes que dificulta a definição de ações de *marketing* para comunicar esse produto ao mercado, simplesmente porque não há um foco específico e acaba-se atirando para todos os lados. Uma situação dessas só revela como o medo de perder é maior do que a vontade de ganhar. A construtora, com medo de deixar algum público de fora, tenta atingir todos ao mesmo tempo. E, se você fala para todo mundo, acaba não falando para ninguém.

Essa situação híbrida não é favorável para os negócios. O cliente morador não quer estar em um prédio com alta rotatividade de pessoas, que é o que a locação por temporada provoca, e, assim, surge um choque de interesses. Se sabemos que esse é o principal obstáculo em um empreendimento residencial, precisamos definir o conceito do produto com a construtora desde o início. Para trabalhar com desenvolvimento de produtos, é necessário analisar os objetivos do imóvel: se é para locação anual, locação por temporada ou moradia; ou, ainda, se os conceitos estão misturados. E o que pauta essa análise é o PCI.

No âmbito do conceito de um produto há algumas variáveis. A primeira delas é a localização. Alagoas é uma cidade litorânea, e, por isso, sei que, se o imóvel estiver afastado da praia, não terá um bom desempenho na locação por temporada. Essa regra é o bê-á-bá aqui na região. Assim, a localização é a mãe de todas as batalhas para produtos de investimento. O produto precisa ter uma localização assertiva.

Nesse cenário, um produto localizado longe do litoral não consegue competir em preço, por exemplo, com um produto que está à beira-mar, excelente para locação por temporada. No entanto, um imóvel situado na segunda ou na terceira quadra da praia, por exemplo, ainda é atrativo, pois está suficientemente perto do mar. Muitas vezes, a localização boa, mas não perfeita, é contrabalanceada por outros atrativos, como boa vista, abundância de serviços nas proximidades — como padarias e supermercados — ou o próprio preço, porque esse imóvel é infinitamente mais barato, já que o valor do terreno também é menor. Então, para o investidor, compensa ir para a segunda ou terceira quadra em vez de focar em um imóvel à beira-mar. O imóvel mais barato, mesmo estando a duas quadras da praia, compensa essa diferença no valor da diária, porque ainda está próximo ao mar. Esse tipo de estudo é feito para ajudar o cliente a entender qual imóvel vale mais a pena, considerando seus objetivos.

Certa vez, Ricardo Martins veio a Maceió promover um empreendimento à beira-mar, composto de quarto e sala, mas com uma vista sensacional, que estava sendo vendido a 2,5 milhões de reais. Com esse *ticket*, porém, não consigo gerar um retorno financeiro satisfatório para o meu cliente. Mesmo que estejamos falando de um produto *premium*, em se tratando de um produto financeiro, não se consegue uma diária que se reverta em um retorno interessante, nem valorizar esse produto. Se o ponto de partida são 2,5 milhões, quando é que esse apartamento vai valorizar o suficiente para que eu consiga revendê-lo por três milhões, por exemplo? De novo, precisamos atentar ao conceito. Se meu cliente quer retorno financeiro, a conta não vai fechar com esse tipo de imóvel à beira-mar.

A segunda variável do conceito são os serviços, ou seja, aquilo que o prédio oferece nas áreas comuns. O melhor exemplo disso é o *case* da Vitacon, construtora de São Paulo especializada em apartamentos compactos que já inclui em seus produtos a atuação da Housi, uma *startup* imobiliária que usa tecnologia para otimizar a negociação e a gestão de imóveis. Isso significa administrar os imóveis de proprietários com foco em rentabilizar as propriedades, oferecendo o máximo de facilidades e serviços de qualidade para os hóspedes. O prédio é visto e organizado como um organismo vivo para propor a melhor experiência com inteligência e tecnologia, tanto para proprietários como para hóspedes.

Quando nós, na Jarvis, criamos um produto em parceria com a construtora, buscamos trabalhar com o que chamamos de fachada ativa, ou seja, lojas que podem ser implantadas no térreo do prédio. Todos os nossos produtos, até hoje, tiveram esse *mix* comercial, com o objetivo de trazer vida para o empreendimento e oferecer uma gama de serviços que complementem a funcionalidade do prédio. O detalhe é que a construtora precisa negociar a propriedade dessas lojas com o incorporador, para que possa definir quais serviços serão colocados ali.

Aqui em Maceió, aconteceu um caso que demonstra bem essa necessidade de planejamento. Trata-se de um prédio belíssimo, com localização excelente, que possui oito lojas no térreo, todas de roupas. Qual é o atrativo disso? É aceitável que nesse local haja uma loja de roupas, mas também deveriam existir uma padaria, uma lanchonete para refeições rápidas ou uma cafeteria; ou seja, comércios que tragam alguma facilidade para turistas e hóspedes. Dessa forma, a não definição dos serviços que ocuparão as lojas do prédio e a falta de entendimento dos serviços oferecidos no entorno podem atrapalhar a *performance* do imóvel no futuro.

Quando um hóspede procura um apartamento para locação por temporada, as primeiras coisas que vêm à cabeça são: os serviços oferecidos pelo prédio e os que a localização proporciona. Fizemos pesquisas para um lançamento da Jarvis em que *coworking* e academia foram apontados como os maiores diferenciais para uma pessoa que procura um apartamento por temporada e não um hotel. Nem imaginávamos esse resultado. Alguns apresentaram a proposta de uma piscina menor, enquanto todas as pesquisas que fizemos falavam em piscinas maiores, com ampla área de apoio. Dados não mentem, não os confronte. É o cliente na ponta que está dizendo o que é importante para ele.

A terceira variável do conceito é a tecnologia embarcada no prédio, o que nos leva de volta ao pilar do ciclo de lançamento. Estou falando, por exemplo, de sistemas de segurança, portaria eletrônica e/ou remota, tecnologias para economizar energia e reaproveitar água das áreas comuns ou da chuva, além de estratégias para diminuir a taxa de condomínio. Um bom exemplo é a inovação que levamos para um dos empreendimentos com o qual trabalhamos na Jarvis: uma solução simples, pensada para facilitar a vida tanto de quem está hospedado quanto de quem faz entregas. Propusemos à construtora a implementação de um elevador exclusivo para *delivery*. O entregador chega com a encomenda, coloca-a no elevador, aperta o andar e o hóspede a retira no *hall*, sem precisar descer até o portão do prédio. Esse sistema de entregas foi um sucesso no mercado de Maceió e já tem sido adotado em outras regiões do Brasil.

Agora, imagine um prédio com um ciclo de oito anos. Trata-se de um período relativamente longo, em que não só o mercado pode sofrer transformações drásticas, como também as necessidades dos clientes — em termos de tecnologia, por exemplo —podem mudar da água para o vinho. Diante dessa perspectiva, quanto mais longo for o ciclo de lançamento, maior o risco de modificação de conceito. Portanto, anote: um empreendimento não pode ter um ciclo tão longo que não consiga acompanhar as tendências de mercado.

Outra variável, e talvez a mais importante, é a metragem, que trará retorno naquilo que chamo de valorização + fruição — o sexto pilar, do qual ainda vamos falar. Apartamentos com quarto e sala na faixa dos 30 m^2, por exemplo, vêm sumindo do mercado, pois se tornaram grandes demais. Esse tipo de cliente pode ser perfeitamente atendido com unidades de 22 ou 23 m^2 — uma diferença que pode chegar a 10 m^2.

Para você ter uma ideia melhor, produtos localizados nos bairros de Ponta Verde, Pajuçara e Jatiúca — conhecidos como parte baixa de Maceió — estão com o metro quadrado girando em torno 15 mil reais. Imagine agora o lançamento de dois produtos compactos, um com 33 m^2 e outro com 23 m^2. São 10 m^2 de diferença a 15 mil reais cada. Estamos falando de 150 mil reais a mais. Assim, em um produto que poderia ser comprado por 300 mil reais, o cliente pagará 450 mil. Vale a pena refletir: quanto esse investimento adicional, mesmo que proporcione um apartamento "mais confortável", vai trazer de retorno financeiro, ao compararmos o imóvel maior com o menor?

Todos os estudos da Jarvis apontam que, se a intenção for locação por temporada — atenção ao PCI, à intenção do cliente —, um apartamento quarto e sala trará o mesmo retorno de um *studio*. Por isso, a maioria das empresas está diminuindo o tamanho dos apartamentos, e esses modelos quarto e sala, de 30 a 40 m^2, mais amplos, começaram a sumir do mercado de locação por temporada e migraram para o conceito de moradia.

Acontece que esse tipo de compacto tem uma velocidade de venda menor. Quem vai pagar 400, 500, 600 mil reais em um imóvel quarto e sala? A metragem precisa estar de acordo com a demanda. Entendendo esse ponto, fica mais fácil direcionar o cliente investidor para o retorno financeiro. Lembre-se de que um investidor só faz a conta financeira: risco *versus* retorno.

Resumindo, para definir o conceito do produto, é preciso analisar se localização, serviços, tecnologia embarcada e metragem estão alinhados ao perfil do cliente ideal.

Pilar 5 – Gestão

Podemos dividir os clientes de imóveis para investimento em duas categorias: aqueles que não querem ter dor de cabeça com nada e os investidores.

Na primeira categoria, o "faça você mesmo" se tornou o "faça para mim". Esse é o cliente que não está preocupado com quem vai mobiliar e operacionalizar o apartamento. Ele quer apenas dizer: "Tá aqui o dinheiro, resolve". Geralmente, esse grupo de clientes é composto de médicos e empresários, por exemplo, pessoas que têm uma vida corrida, mas que estão tentando diversificar o patrimônio buscando investimentos. Logo, esse é o cliente que não quer ter dor de cabeça.

Na segunda categoria estão os investidores empreendedores. É importante entender que locação por temporada é um negócio. Portanto, demanda análise de variáveis, tempo de maturação do produto e gestão. Nesse sentido, é imprescindível entender o cliente e buscar *feedback* para obter bom desempenho nas plataformas. É aí que entra o pilar da gestão.

Para definir o modelo de gestão do produto que está em lançamento, a construtora, a imobiliária e os corretores precisam saber qual é a real intenção do cliente. Cuidar de tudo por conta própria? Terceirizar? Independentemente da visão que se tenha do negócio, todo o empreendimento deve ser desenhado para facilitar a vida do investidor.

Não muito tempo atrás, gerir um apartamento de locação por temporada demandava muito do proprietário. Era chave para cá, chave para lá, vistoria, faxinas, imprevistos como aparelhos de ar-condicionado pifando no meio da noite. Mas isso mudou, porque muitos prédios já contam com recepção treinada para realizar o *check-in* e o *check-out* dos hóspedes, além de serviços próprios para fazer pequenas manutenções. E não podemos esquecer dos aplicativos, que também facilitam a administração de uma hospedagem.

Mais recentemente, empresas gestoras vêm entrando em cena ainda durante o período de desenvolvimento do produto, contribuindo com o olhar de quem vai operar esse apartamentos. No Brasil, posso citar a Housi, a Quarto à Vista — que atua aqui no Nordeste — e a plataforma Seazone.

Participei do desenvolvimento de um produto em que pude entender, na prática, a importância de integrar uma empresa de gestão. Os arquitetos foram alertados, por exemplo, sobre como o posicionamento de determinadas paredes poderia atrapalhar a circulação de camareiras e a separação entre roupas sujas e limpas. Portanto, se a construtora se alia a uma gestora desde o início, erros são mitigados e a probabilidade de retorno aumenta. O conceito do empreendimento estará mais bem definido e ficará mais fácil para você, como corretor, abordar seu cliente de forma mais assertiva quanto àquele novo produto.

Quando se trata de gestão, é interessante sempre comparar a atuação de um cliente que vai administrar o imóvel por conta própria com a de outro que vai usar os serviços de uma empresa. Costumo me cercar de parceiros gestores que me deixam com a cabeça tranquila, porque sei que vão prestar um bom serviço ao meu cliente, cuidando do enxoval, da mobília e de todos os detalhes que fazem a diferença para um hóspede. O trabalho da empresa gestora envolve também coletar e compartilhar dados com o cliente para direcioná-lo em relação aos tipos de investimentos a serem feitos no imóvel, a fim de atingir os objetivos de rentabilidade traçados. Isso se chama conforto, facilidade.

Mas é fato que o outro lado da moeda existe, e o cliente que atua por conta própria pode ter, sim, uma margem maior de lucratividade. Isso porque empresas gestoras, como as que citei anteriormente, chegam a cobrar de 15% a 20% do valor do aluguel, o que pode gerar desinteresse por essa prestação de serviços. Diante disso, as administradoras estão se reinventando e focando no conceito de experiência do hóspede. Existe uma diferença sensível entre tirar dúvidas e pedir informações para pessoas reais e fazê-lo por meio de uma máquina, como um *chatbot*.

Certa vez, fiz uma viagem em família em que passei dez dias rodando por diversas cidades. Em todas, aluguei apartamentos pelo Airbnb, até para entender melhor como funciona. Eu viajo muito sozinho, principalmente a trabalho, mas queria saber como seria viajar de férias com a família. Dos apartamentos em que nos hospedamos, apenas um não tinha uma administradora à frente. Nesse único caso, a proprietária, dona Vera, fazia a gestão do próprio apartamento. Ela nos deu dicas de passeios, locais a visitar, restaurantes onde comer; indicou padarias e cafés, apontando o endereço e alertando sobre lotação e filas. Essa experiência de falar com uma pessoa local, que vive na região e pode transmitir um pouco da vida do morador, é sensacional e tem seu valor.

Sim, tenho dados que comprovam que, em termos de experiência de retorno, os clientes que administram os imóveis por conta própria obtêm uma gratificação financeira muito maior. A maioria dos meus clientes, no entanto, é formada por aqueles que estão fazendo a conta do produto financeiro, ou seja, querem investir o dinheiro e não ter dor de cabeça.

E como meu foco é atender e fidelizar essa base de clientes, preciso programar desde já a gestão do empreendimento, sabendo exatamente o passo a passo de tudo que será feito e desenvolvido. Então, meu conselho é estar perto dessas empresas gestoras. Se você mesmo, como corretor, pudesse fazer esse trabalho, seria excelente, pois você fecharia o ciclo do produto. Você venderia, daria toda a consultoria ao seu cliente — sobre como mobiliar, por exemplo —, geraria e compartilharia dados de tempo de retorno de acordo com cada perfil de apartamento montado e ainda faria a gestão.

O que acredito que precisa ficar como ponto de atenção sobre a gestão de imóveis para locação, nesses dois cenários descritos, é a importância de focar no que realmente atende às necessidades do seu cliente. Nesse quesito, você, como corretor, deve proporcionar a ele o poder de escolha: administrar por conta própria ou contratar uma empresa gestora. Preocupe-se com a gestão do produto, não pense que a venda se encerra com a assinatura do contrato. O que vai manter esse cliente no perfil de investidor é o retorno financeiro, e esse retorno vai depender muito de uma gestão bem desenhada, na qual você pode ter um papel fundamental.

Pilar 6 - Valorização + fruição

Valorização e fruição, ou rentabilidade, são duas variáveis que, quando unidas, se potencializam. Para quem gosta de cultura *pop* e é da mesma geração que eu, a melhor metáfora para entender a importância de unir essas variáveis é a união dos *Super Saiyajin*, de *Dragon Ball*. Portanto, não se separa valorização de fruição de jeito nenhum.

Um cliente investidor, muitas vezes, é movido por um viés de posse; ou seja, ele não pagaria 500 mil reais num apartamento, mas, se o apartamento fosse dele, não o venderia por 500 mil, pois, na cabeça dele, o apartamento vale mais simplesmente porque é dele. Então, para esse tipo de cliente, uma conta redonda é imprescindível para convencê-lo.

Se passei com sucesso por todos os pilares até aqui — segurança jurídica comprovada, ciclo de lançamento ajustado, fluxo de pagamento alinhado, conceito do produto definido, gestão planejada —, agora preciso mostrar que esse produto tem alto potencial de valorização e possibilidade de rentabilidade acima da média. E como posso fazer isso?

Primeiro de tudo: comprar bem é um dom. O cliente investidor sabe que precisa comprar bem. Uma tabela anunciando, por exemplo, "últimas unidades, corra!", não atrai o investidor, porque ele sabe que esse empreendimento já passou pela curva de valorização e que, daqui para a frente, a valorização estará dentro da média de mercado. Assim, a primeira parte do pilar valorização + fruição é comprar bem. Como conseguir essa façanha?

As primeiras tabelas são um grande atrativo, sem dúvidas, mas a chave ainda não é exatamente essa. Mesmo trabalhando com a primeira tabela, o diferencial está em saber quanto,em média, o produto valoriza durante a obra. Esse produto precisa ter índice de valorização maior que o INCC. Em períodos de crise, com o mercado em baixa, é até normal não haver valorização acima do INCC. Mas, em um cenário estável, o produto precisa valorizar pelo menos um pouco acima do INCC; senão, a conta não fecha para o cliente, e ele vai acabar optando por deixar o dinheiro guardado.

Historicamente, o INCC alcança por volta de 6% a 7%. Portanto, o produto precisa valorizar pelo menos de 10% a 12% ao ano. Se no clico de lançamento estão previstos três anos de obra, esse produto precisa valorizar pelo menos algo entre 30% e 45%. E essa valorização pode até dobrar, a depender do ciclo em que o mercado estiver. Veja este exemplo: tenho certeza de que um produto lançado em 2019 dobrou de valor na entrega em 2022/2023, porque houve uma movimentação de mercado muito maior que a natural nesse período. No entanto, o comum — e o esperado também — é uma valorização entre 10% e 12% ao ano.

Aqui é preciso ter bastante consciência, pé no chão mesmo. Não se pode vender sonhos quando se fala em valorização para um cliente investidor que, tradicionalmente, é mais bem-informado do que outros perfis de clientes. Um produto que está há seis meses, um ano ou dois no mercado já aconteceu; o tempo de desempenho já passou para o cliente investidor. Então, as últimas unidades serão vendidas para o cliente consumidor. Esse produto deixou de ser um produto de investimento para se tornar um produto de consumo. O cliente que sabe que precisa ter ganho inicial sempre vai buscar as primeiras tabelas do empreendimento.

Um produto com valorização de 20%, 30% ou até 40% tem um potencial de rentabilidade muito bom. Se faço essa conta em relação a alguma renda fixa, o produto se torna imbatível. Alinhado à estratégia de primeira tabela e fluxo de pagamento menor, o cliente compra um imóvel de 300 mil reais pagando 105 mil durante a obra, o que corresponde a 35% do valor total. Considerando uma média de 30% a 40% de valorização, depois de pronto esse produto certamente vai estar valendo 400, 420 mil reais. Você pode estar pensando que, então, atingimos o objetivo. Só que a conta não é essa, porque, na verdade, esse imóvel valorizou 100%.

Entenda: foram pagos 105 mil reais, e o imóvel passou a valer 400 mil. Se o valor inicial era 300 mil e o apartamento alcançou 400 mil durante a obra, houve um acréscimo de 100 mil reais no valor total, que corresponde a praticamente o mesmo valor desembolsado. Portanto, 100% do capital investido virou valorização no valor final do imóvel. A partir daí, esse imóvel começará a pagar a parcela do financiamento ou do consórcio.

A conta que ninguém faz é justamente relacionar o valor de fato desembolsado com o valor acrescido ao preço final do imóvel. O resultado dessa comparação é a verdadeira valorização. É errado comparar os 100 mil acrescidos aos 300 mil de valor inicial, simplesmente porque esses 300 mil ainda não foram pagos. Só a entrada de 105 mil foi paga. É preciso fazer as contas com base no valor que foi pago (entrada), não com o valor que ainda se tem a pagar (valor inicial divulgado na tabela).

Então, essa é uma conta que precisamos fazer com o cliente que, às vezes, está no mundo da lua, fazendo contas em cima do valor total. É preciso fazer essa matemática para que ele conheça também os trâmites do mercado imobiliário. No mercado financeiro, esse cliente faz a conta em cima do aporte; já no mercado imobiliário, quer fazer sobre um valor total que nem foi pago ainda. Essa forma de enxergar valorização vai ser um ensinamento valioso para o aprendizado do seu cliente.

Em se tratando de mercado financeiro, a conta da rentabilidade precisa considerar um período de tempo de pelo menos dez anos, porque, como dito no começo do livro, imóvel é um investimento a médio prazo. Em dez anos, o investimento já passou por todos os ciclos do mercado e está maduro: passou por expansão, recuperação, excesso de ofertas e recessão. Em qualquer conta que não olhe para esse espa-ço de tempo, a qualidade do resultado estará atrelada ao ciclo em que o mercado estiver, e não ao desempenho real do imóvel. Portanto, nesses dez anos, devo somar valorização e rentabilidade (fruição) para obter o resultado real do investimento nesse imóvel. E, se todos os pilares até aqui forem seguidos, será um resultado praticamente imbatível.

Em 2009, foi entregue aqui em Maceió um apartamento com um conceito que considero muito bem alinhado: o Edifício Savassi, da construtora Placic. Perceba que, se começo falando de 2009, vou até 2019 para contar os dez anos do ciclo total do Savassi — ou seja, não estou considerando o período de 2020 a 2022, os melhores anos do mercado imobiliário. Em dado momento, vendi uma unidade nesse prédio e aproveitei para perguntar à construtora por quanto a unidade tinha sido comprada originalmente. Fiz os cálculos e verifiquei quanto rendeu, quanto valorizou e qual foi o retorno desse produto nesse período de dez anos.

Caro e barato, no mercado imobiliário, são conceitos que dependem do retorno sobre investimento (ROI, na sigla em inglês). Um imóvel quarto e sala pode custar 200 mil ou um milhão de reais; o que vai definir se esse produto está caro ou barato é o quanto ele vai trazer de retorno para o investidor e o potencial que tem para valorizar.

A Figura 9 apresenta dados do Savassi.

Figura 9 - Dados do Edifício Savassi.

304 SAVASSI

Custo aquisição	
Pago a Placic	R$ 134.808,20
ITBI	R$ 2.696,16
Escritura	R$ 2.655,60
Registro	R$ 3.108,73
Total aquisição	R$ 143.268,69

Valor de mercado Savassi 304	R$ 330.000,00
comissão	R$ 16.500,00
Imposto ganho de capital	R$ 26.803,77
Subtotal Valor de mercado - comissão - imposto	R$ 286.696,23

Fruição - 10 anos 5 meses (valor médio de R$1.500,00/mês)	R$ 187.500,00

Resultado líquido final	R$ 465.735,74

Fonte: Elaborada pelo autor.

O apartamento que vendi custou 134 mil reais inicialmente. Com a documentação de aquisição (TBI, escritura, registro), o custo total foi de 143 mil reais. O cliente optou pelo parcelamento; se tivesse pago à vista, a conta seria ainda melhor. Em 2019, dez anos depois, vendi essa unidade por 330 mil reais. Esses números chegam a assustar quando prestamos mais atenção a eles. Note os valores atuais de um apartamento de dois quartos em uma excelente localização: em 2009, 130 mil; em 2019, 330 mil; em 2025, em torno de 500 mil (depois da pandemia de covid-19, os valores dobraram). E você ainda encontra clientes que preferem esperar a tabela de preços baixar, sem fazer nenhuma projeção antes de tomar essa decisão.

Figura 10 - Valores detalhados do Edifício Savassi.

Valor de mercado Savassi 304	R$ 330.000,00
comissão	R$ 16.500,00
Imposto ganho de capital	R$ 26.803,77
Subtotal Valor de mercado - comissão - imposto	R$ 286.696,23

Fruição - 10 anos 5 meses (valor médio de R$1.500,00/mês)	R$ 187.500,00

Resultado líquido final	R$ 465.735,74

Fonte: Elaborada pelo autor.

Na Figura 10, temos os valores detalhados: preço de venda de 330 mil reais; comissão do corretor de 16.500 reais; imposto sobre ganho de capital de 26.803,77 reais Subtraídos todos os custos e arredondando os resultados, o valor líquido do imóvel ficou em 287 mil reais. Hoje, um produto como esse seria locado por algo em torno de 4 mil reais mensais. Então, projetando um valor mensal médio de locação ao longo de aproximadamente 10 anos, chegamos a 1.500 reais. Quando acrescento à conta esses 1.500 reais de fruição, atingimos o valor de 187.500 reais, que, somados ao valor do imóvel, geram um resultado financeiro de 465.735,74 reais ao longo de 10 anos. Assim, o investimento inicial foi de 134 mil reais e o resultado final foi de 465 mil reais.

Agora, que tal comparar esse investimento imobiliário com outras modalidades de renda fixa? Comecemos pela Figura 11, que apresenta a variação do índice Ibovespa nos mesmos dez anos.

Figura 11 - Variação do índice Ibovespa entre 2009 e 2019.

IBOVESPA variação período	56%
Resultado antes dos impostos	R$ 210.300,79
Corretagem 0,23%	R$ 793,75
Imposto 15%	R$ 11.323,89
Resultado líquido	R$ 198.183,15

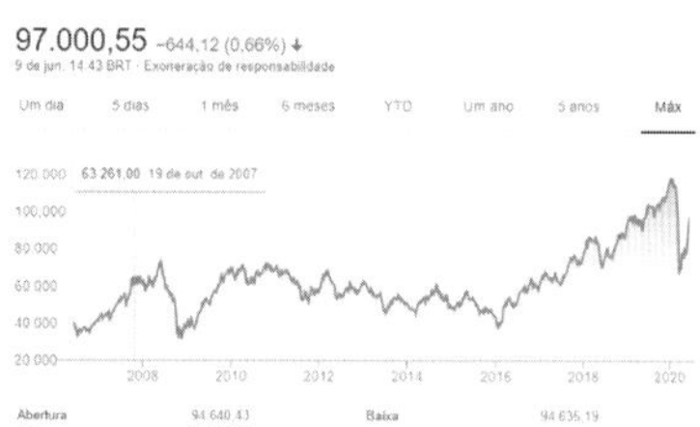

Fonte: Google Finanças (2025).

Se o aporte tivesse sido no mesmo valor, o resultado teria sido 210 mil reais. Após o pagamento de corretagem e impostos, o valor líquido teria ficado em torno de 198 mil reais no Ibovespa nesse período.

Figura 12 - Variação do CDI entre 2009 e 2019.

Resultado da Correção pelo CDI

Dados básicos da correção pelo CDI	
Dados informados	
Data inicial	15/10/2007
Data final	05/06/2020
Valor nominal	R$ 134.808,20 (REAL)
% do CDI	90,00 %
Dados calculados	
Índice de correção no período	2,89879453
Valor percentual correspondente	189,879453 %
Valor corrigido na data final	R$ 390.781,27 (REAL)

Correção de valores: CDI

Fonte: iDinheiro (2025).

O investimento em CDI, em dez anos (Figura 12), teria gerado um resultado de 390 mil reais em cima dos 134 mil aportados inicialmente.

Figura 13 - Variação da poupança entre 2009 e 2019.

Resultado da Correção pela Poupança

Dados básicos da correção pela Poupança	
Dados informados	
Data inicial	12/10/2007
Data final	08/06/2020
Valor nominal	R$ 134.808,20 (REAL)
Regra de correção	Antiga
Dados calculados	
Índice de correção no período	2,34945170
Valor percentual correspondente	134,945170%
Valor corrigido na data final	R$ 316.725,35 (REAL)

Fonte: iDinheiro (2025).

Na antiga poupança (Figura 13), a queridinha dos brasileiros — e também a sustentação do nosso sistema de financiamento —, o retorno do aporte inicial investido teria sido algo em torno de 316 mil reais.

Assim, eis o resumo da projeção de resultados em dez anos para o investimento com aporte inicial de 134 mil reais (Figura 14):

Figura 14 - Resumo da variação de rendas fixas entre 2009 e 2019.

Resultado líquido:

Edf. Savassi - R$ 465.735,74

IBOVESPA - R$ 198.183,15

CDI - R$ 390.781,27

Poupança - R$ 316.725,35

Fonte: Elaborada pelo autor.

É importante ressaltar que estou falando de pessoas leigas comprando um imóvel e colocando seu dinheiro para render. Não estou falando de investidores experientes. No entanto, nesses dois casos, consultar um especialista em investimentos imobiliários ou financeiros poderia potencializar mais ainda esses resultados.

Também é preciso destacar que não considerei nessas contas os melhores anos do mercado imobiliário, de 2020 a 2022, que certamente teriam gerado resultados muito maiores. Se, em vez de dez anos, a revenda tivesse acontecido em 13 ou14 anos, o resultado teria sido surpreendente.

Dessa forma, para falar de resultado, preciso incluir na conta e mostrar ao cliente dois fatores: potencial de valorização do produto e rentabilidade.

Como visto no pilar anterior, rentabilidade tem a ver com gestão. Em se tratando de locação por temporada, por exemplo, gosto muito de conversar com as administradoras para entender o potencial da área, da região e da praça onde está o produto. A maioria delas já tem estudos detalhados que funcionam como norteadores. Não adianta criar um cenário e vender rentabilidade em um mercado que muda constantemente sem dados que sirvam de base.

Aconteceu um caso bem emblemático aqui. Tivemos vários lançamentos na rota ecológica de Milagres, uma região que cresceu muito em Alagoas, e os investidores ficaram animados. Foi propagandeada uma rentabilidade de 2% a 3% ao mês. Agora que os imóveis estão prontos, há concorrência, o turismo está oscilando de acordo com a atividade econômica do país e com a circulação de moeda, e a rentabilidade "prometida" não se confirmou. Como você faz para cobrir isso?

Por isso, gosto de mostrar vários cenários para o meu cliente: um conservador, outro realista, outro mais agressivo etc. Além disso, faço projeções de valorização, retorno e fruição de rentabilidade para que o cliente tenha clareza e segurança para tomar a melhor decisão. É evidente que essas variáveis estão diretamente conectadas aos pilares que vimos até aqui e que, consequentemente, estão interligados entre si. Não podemos ignorar também os ciclos do mercado, que igualmente ajudam a definir a valorização e a rentabilidade dos imóveis.

Os códigos do retorno

Os seis pilares que estudamos são a base da metodologia dos códigos do retorno, que visa à alta *performance* dos produtos para investimento.

A **segurança jurídica** é o pilar base. A Jarvis abre todas as suas apresentações com esse pilar, porque é a partir dele que o cliente começa a medir sua satisfação com a empresa, seja construtora ou imobiliária. O cliente só avança para uma próxima etapa se sentir confiança nesse pilar. Só há visita se houver confiança na qualificação e nas informações de quem a oferece; só há proposta se houver confiança no que foi apresentado na visita; só há fechamento se houver confiança no que foi discutido na negociação.

O **ciclo de lançamento** é a oportunidade de mostrar que apartamentos construídos em menor tempo trazem retorno maior. Esse tipo de informação muitas vezes passa despercebida pelo corretor e pelo cliente. As construtoras, por vezes, criam pegadinhas com nomes técnicos e contratos mal desenhados. Por isso, é obrigação do corretor entender tudo do mercado e não deixar passar nenhuma informação relevante para melhor direcionar o cliente.

Um bom **fluxo de pagamento** oferece uma tabela que detalha onde, como e quanto o cliente deverá desembolsar. Só assim será possível verificar o custo do dinheiro do cliente e se vale a pena o investimento no imóvel. Este pilar também permite avaliar se, a depender do momento do mercado, será mais vantajoso deixar o dinheiro aplicado e comprar na planta, de forma a sustentar o INCC através de algum outro rendimento, ou amortizar, caso haja a capacidade de quitação da parcela final. É pela tabela de pagamento que o cliente conhece o estado da saúde financeira da construtora e as contrapartidas que ela é capaz de oferecer.

O **conceito do produto** precisa estar alinhado à intenção e às necessidades do cliente. Localização, serviços, tecnologia embarcada e metragem são elementos incluídos no conceito do produto depois que são verificados junto à base de clientes.

A **gestão** é um pilar diferencial para investidores, pois pode definir o nível de conforto ou de dor de cabeça que esse cliente terá. O corretor precisa ter em mãos conhecimento e opções de operacionalização do apartamento locado por temporada, a fim de atender tanto o cliente que deseja atuar sozinho como aquele que prefere terceirizar a tarefa de administração das locações.

Alta *performance* em **valorização + fruição** (rentabilidade) é apenas consequência de um produto bem trabalhado nos cinco pilares anteriores. Particularmente, a rentabilidade vai depender muito do pilar da gestão, que abrange desde fatores mais simples, como enxoval, até *marketing* e canais de atração. Na gestão também está pautada a experiência do seu cliente enquanto empreendedor.

Além de definir bases para o posicionamento de um produto imobiliário, esses seis pilares entregam a você, corretor, um conjunto de argumentos de venda que ajuda a separar o joio do trigo no mercado. Os pilares não olham apenas para o imóvel, olham também — e principalmente — para o cliente, gerando informação qualificada para uma atuação diferenciada na corretagem.

Os seis pilares que estudamos são a base da metodologia dos códigos do retorno, que visa à alta *performance* dos produtos para investimento.

4

O *MARKETING* IDEAL

O *marketing* que não converte

Vamos começar este capítulo falando do *marketing* ideal para o ciclo de excesso de ofertas, considerando que, no Capítulo 2, sobre os ciclos do mercado, esse foi o único ciclo que não recebeu uma menção ao *marketing*.

Antes, porém, gostaria de destacar rapidamente algumas ações de *marketing* que colocamos em prática na Jarvis. Temos um perfil diferente de uma imobiliária tradicional e decidimos atuar fora da caixa para cultivar o melhor relacionamento possível com o nosso cliente. Bar inspirado na série *Peaky Blinders* e sala de jogos são alguns dos diferenciais da nossa sede. Costumamos promover eventos e *happy hours* para receber os clientes e suas famílias. Nesses encontros, as crianças ficam jogando enquanto os adultos socializam, por exemplo. E tudo isso repercute nas nossas redes, aumentando nossa visibilidade e possibilitando o alcance de mais pessoas e mais clientes em potencial.

Agora, entrando no assunto do presente capítulo, lembro a você que vim da área de *marketing*. Tinha a minha própria agência de *marketing* digital e, portanto, acreditava ter uma visão estruturada desse tema que podia ser aplicada a qualquer mercado. Eu tinha essa segurança porque, independentemente da natureza do negócio, a visão sobre ele não muda. E por que isso? Porque não é sobre o seu negócio, é sobre você enquanto marca e posicionamento. Corretor autônomo ou associado a uma imobiliária, você é uma empresa, e empresas precisam de gestão. Pensando sob essa perspectiva, não devemos terceirizar o *marketing* do nosso negócio.

Justamente por vir de uma agência de *marketing*, sei que, a não ser que você negocie isso antes de assinar o contrato, não terá exclusividade. Quando menos esperar, vai perceber que existem tantas outras empresas/clientes com o perfil próximo ao seu sendo atendidas pela mesma agência apenas porque todas as ações lançadas são iguais. É o mais do mesmo se reproduzindo em escala industrial: sempre o mesmo conteúdo, o mesmo criativo. Basta uma empresa inovar para logo ser copiada.

Dessa forma repetitiva, o *marketing* para o mercado imobiliário não acompanha as tendências de *marketing* globais e não evolui, mantendo o mesmo jeito antiquado de fazer publicidade. Uma comunicação engessada, sisuda demais, sem carisma.

O *marketing* da sua empresa não pode ser terceirizado de maneira alguma.

A empresa pode ter um gestor de tráfego para criar e administrar as campanhas publicitárias, pode ter uma agência para produzir o conteúdo, mas você precisar estar colado a esse processo, trazendo informações, demonstrando seu posicionamento e impondo seu DNA para definir como quer atingir a alta *performance* e a alta conversão nas suas campanhas. Se deixar essa tarefa nas mãos de um gestor sem supervisão, você não vai colher bons frutos.

Aqueles *posts* patrocinados que pipocam no *feed* com anúncios como "Gere *leads* qualificados" ou "Trago x *leads* por dia" não rendem a conversão que você almeja. Gerar *leads* qualificados não é o *marketing* de que você precisa para o seu negócio. E o que é um "*lead* qualificado", afinal? Essa expressão não me diz muita coisa. O que nós precisamos, no dia a dia da corretagem, é entender quem é o cliente e qual produto faz sentido para esse cliente; precisamos traçar o **perfil de cliente ideal** (PCI) para o produto.

São inúmeros os tipos de imóveis e, por consequência, os tipos de clientes. Há o investidor que prefere os compactos; o cliente que procura um imóvel comum para morar; o que quer um de alto padrão; o que opta por uma casa; o que tem um terreno para construir. Há clientes solteiros e aqueles com famílias pequenas, de um único filho, ou grandes, com mais de dois. Diante dessa gama de possibilidades, o primeiro passo é definir o seu PCI.

Do PCI partem as ações que nós, empresários e corretores, implementamos nas três áreas em que devemos estar sempre e diretamente envolvidos: vendas, finanças e operação. Pensando em rotina de trabalho, eu dividiria a dedicação a essas áreas em 30% do tempo para vendas, 10% para finanças e 60% para operação.

Você pode ter pensado que a dedicação maior seria às vendas, certo? No entanto, prestando atenção, não se passa manhã, tarde e noite atendendo, assinando contratos ou tirando propostas. A venda é o momento de concretização de tudo o que foi feito corretamente nas etapas anteriores. E as etapas anteriores dizem respeito exatamente à operação. Falo aqui de posicionamento, construção de marca, definição de critérios para a entrada de imóveis visando uma boa captação, supervisão da comunicação e da publicidade do negócio, entre outros. Tudo isso tem que ocupar a maior parte do seu tempo. E todos esses pontos, no fim das contas, têm a ver com *marketing*.

Corretagem é sobre vender imóveis, e a transação só acontece quando o valor percebido do produto é maior que o preço. E só é possível gerar essa percepção de valor no cliente por meio do *marketing* aplicado a todos os campos do negócio.

Um bom exemplo de percepção de valor está na reação dos proprietários quando tomam conhecimento da comissão que o corretor recebeu pela transação. "Você ganhou quanto? Cinquenta mil? Mas é muito dinheiro!" e "Você ganhou 50 mil? Foi de graça, merecia 100 mil". Nesse caso, ainda temos a percepção de valor agregado ao seu serviço prestado.

Os anúncios e os materiais que soltamos para os clientes são o nosso exército de vendedores. Tomando essa afirmação como verdadeira, vamos precisar de um exército extremamente qualificado, que vai demandar armas condizentes com o momento do mercado em que estivermos. Se estou começando um trabalho para um ciclo de excesso de ofertas, não posso usar as armas dos ciclos de expansão, recessão ou recuperação. Quando percebo que a concorrência e os colegas estão praticando as mesmas ações usadas em um ciclo anterior, por exemplo, com a mesma abordagem nos anúncios, focando as características do produto, já sei que esse *marketing* não vai mais converter. Mas os anúncios patrocinados direcionados, que sabem usar os gatilhos, que se utilizam de uma visão estruturada da pirâmide de vendas e do PCI, convertem, sim. Não existe nenhum investimento mais eficiente para o seu negócio do que uma publicidade alinhada.

Sendo assim, o segredo do sucesso está em se dedicar à operação, em fazer parte do time de *marketing*, em fornecer informação correta e de qualidade para quem está na ponta. Você não vai montar as campanhas, atuar como gestor de tráfego ou editar vídeos, mas vai supervisionar o trabalho dos profissionais que assumirem cada uma dessas funções e se responsabilizar por eles. O mercado imobiliário tem especificidades suficientes para confundir a cabeça de qualquer profissional que venha de fora. Por isso, você, que está literalmente imerso na empresa, deve ser o norte do seu time, deve guiá-lo pelos caminhos da assertividade e da eficácia.

Entendida essa parte, não se deve jamais perder de vista o ciclo em que o mercado se encontra. É o ciclo que define que tipo de ações tomar. Se estamos, em 2025, num ciclo de excesso de ofertas, temos no mercado uma enxurrada de produtos com as mesmas características. O que fazer diante desse cenário? Oferecer treinamentos para o investidor, por exemplo, sobre produtos voltados para investimento, pode ser uma alternativa.

Imagine que você esteja agora com a mente expandida, cheia de conteúdo de qualidade sobre os pilares a serem seguidos para alta conversão e sobre os códigos do retorno, e já seja capaz de identificar facilmente se um imóvel tem potencial de valorização ou de rentabilidade. Porém, o seu cliente, que pode não saber dessas informações, muito provavelmente não vai conseguir diferenciar os produtos com os quais eventualmente ele terá contato. Diante disso, o que nós, corretores, não podemos fazer é escolher o caminho fácil — aquele em que reunimos um monte de papéis em forma de *book*, folhetos e tabelas e os entregamos nas mãos do cliente, esperando que ele simplesmente escolha uma unidade e feche negócio. Não! Essa é a hora de colocar em prática todo o trabalho duro que você teve ao estudar, buscar conhecimento e participar de treinamentos.

Na Jarvis, nós já testamos muitos tipos de atendimento aos clientes: qualificação por telefone, por meio de algumas perguntas; convite para uma reunião, com visita em seguida; e visita com perguntas para a qualificação. Todos esses processos geraram resultado em vendas, mas, em se tratando de coleta e controle de dados, o atendimento que mais converteu foi a visita. Os motivos da configuração desse panorama são simples.

A qualificação por telefone ou por mensagens de WhatsApp é muito fria e dá margem para que o cliente esconda informações ou até minta. O cliente precisa conhecer a pessoa que vai intermediar uma transação tão importante quanto a compra de um imóvel. Quando você se conecta ao cliente a ponto de levá-lo para uma visita ao empreendimento, tem a chance dar o seu *show*, de trazer esse cliente para perto. Por isso, o índice de conversão pós-visitas é maior. Portanto, na Jarvis prezamos pelo contato ao vivo, presencial, e evitamos a mera distribuição de material e tabelas de preço.

Perceba: se estamos num ciclo em que a maioria dos produtos são iguais e os anúncios são voltados para as características desses produtos, como o cliente vai conseguir separar o joio do trigo?

Por que os *leads* não estão convertendo?

Antes de mais nada, lembre-se de que estou falando aqui de *leads* voltados para investimento.

O período entre 2020 e 2022 foi muito forte em geração de *leads*, e o índice de conversão estava bem alto. De repente, em 2023, o cenário começou a mudar, e a estratégia que eu estava usando não estava mais convertendo tão bem. Percebi que alguma coisa estava errada e fui buscar conhecimento para entender o porquê.

Minha rotina inclui duas horas de estudo todos os dias. Tenho também um dia inteiro — e escolhi a terça-feira —

apenas para estudar, criar conteúdo para as redes da Jarvis e montar treinamentos para a equipe da imobiliária; nesse dia, o foco é total. Além disso, sou um grande consumidor de cursos e palestras, e estou sempre viajando para conhecer outras praças. Essa é a forma que encontrei de evoluir e desenvolver meu negócio.

Nesse percurso de estudos, deparei a agência australiana King Kong (2025). O CEO dessa agência, Sabri Suby, é autor do livro *Sell like crazy: how to get as many clients, customers and sales as you can possibly handle*, ainda não traduzido para o português. Em tradução livre, esse título seria algo como "*Venda loucamente: como alcançar o maior número possível de clientes, consumidores e vendas*". Vale a pena o esforço de pelo menos assistir a algumas *lives* no YouTube sobre esse livro, caso não consiga lê-lo. Indico aqui a *live* do Fernando Brasão (2022), que trouxe números e dados que me ajudaram a entender por que minha estratégia não estava mais convertendo e por que parceiros, corretores do mercado, também estavam reclamando dessa geração de *leads*.

A questão fica muito clara quando é mostrada a pirâmide que Suby mapeou em 135 países (Figura 15). Trata-se de um panorama mais amplo, que depois vou comparar com uma pesquisa de mercado aqui do Brasil.

Figura 15 – Pirâmide de vendas.

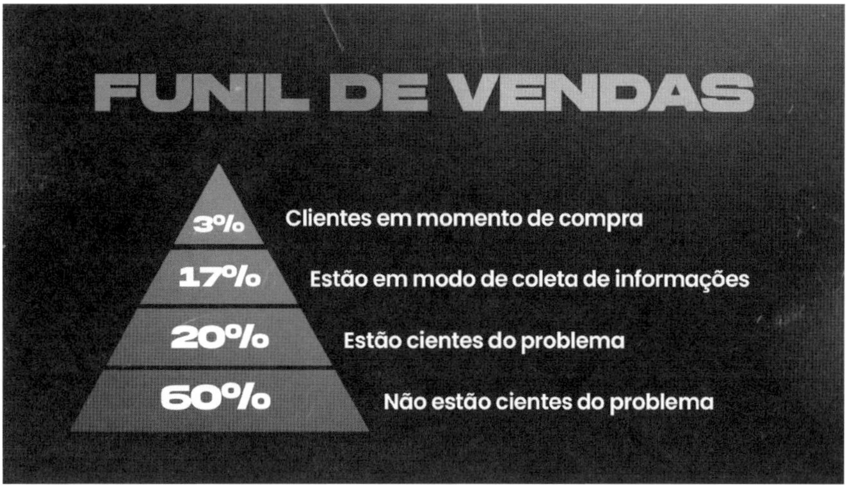

Fonte: Elaborada pelo cliente.

Suby começa falando dos clientes que estão nas redes sociais. O próprio nome "social" já denuncia que aquele cliente não está ali para comprar nada. Quem acessa as redes quer ver *memes*, curtir fotos de amigos, acompanhar a vida de celebridades. Então, de acordo com a pesquisa de Suby, apenas 3% dos usuários estão realmente prontos para comprar. Esses 3%, que estão no topo da pirâmide e prontos para avançar na compra, são o que chamamos de "*lead* quente" — que é o sonho de todo corretor, os famosos *leads* qualificados. Você pode até comemorar uma venda rápida para esse tipo de cliente porque postou um anúncio, logo recebeu o contato dessa pessoa, marcou a visita e já está com a proposta em mãos. Mas, na verdade, você deu sorte de encontrar esse cliente no momento certo, quando ele estava numa jornada de compra extremamente aquecida. Atenção a isso.

Seguindo o raciocínio de Suby, a próxima faixa da pirâmide compreende os clientes que estão em fase de coleta de informação. São 17% de pessoas que estão pesquisando, querendo saber os preços e as características dos imóveis, bem como tirando dúvidas com os corretores. Essas pessoas ainda não estão prontas para efetuar uma compra.

O terceiro grupo reúne 20% de clientes que já estão cientes de que têm um problema — por exemplo, precisam trocar de apartamento, seja por um maior ou menor, querem sair do aluguel, ou estão planejando o crescimento da família. Sabem que precisam se programar para a compra de um imóvel pronto ou de um terreno para construir, mas ainda não evoluíram para dar início à ação.

E, na base da pirâmide, estão os 60% dos clientes que nem sabem que têm um problema e que não estão pensando em comprar um imóvel simplesmente porque essa ideia ainda nem passou pela cabeça deles.

Em resumo, a pirâmide de vendas de Suby mostra que 97% dos clientes não estão prontos para comprar, enquanto apenas 3% estão.

Essa disparidade nos números faz muito sentido quando se pensa em não conversão. O problema não está exatamente nas suas ações. Elas podem estar condizentes com as práticas do mercado, ou podem apenas estar sendo usadas no momento errado. E o que a pirâmide revela é justamente o desenho do momento dos clientes, para que você possa agir de maneira mais assertiva. Então, quando olhei com atenção para a pirâmide de vendas, percebi onde eu estava errando.

Logo depois de ter acesso ao livro de Suby, vi uma pesquisa da Brain Inteligência Estratégica sobre as tendências do mercado imobiliário no final de 2023 que também falava um pouco sobre a intenção de compra dos brasileiros nos 24 meses seguintes (Pesquisa [...], 2023) (Figura 16).

Figura 16 – Tendências do mercado imobiliário em 2023.

Fonte: Elaborada pelo autor.

Acompanhe comigo: 61% dos clientes não pretendiam comprar um imóvel nos próximos 24 meses; 28% pretendiam comprar, mas ainda não haviam começado a procurar; 7% pretendiam comprar e já estavam procurando opções — na internet, por exemplo —, coletando informações; e 4% pretendiam comprar e já haviam marcado visitas com imobiliárias e corretoras, tendo inclusive visitado estandes.

Se compararmos a pesquisa da Brain sobre o mercado brasileiro e a pirâmide de vendas que Sabri Suby montou a partir do mapeamento de dados em 135 países, verificamos que os números estão bem próximos: Suby disse que 97% da população estava na jornada, ou seja, ainda não estava pronta para comprar, e que apenas 3% estavam na fase de fechar negócio, de efetivamente comprar um imóvel. Já a Brain afirmou que, no Brasil, havia 4% de pessoas na fase de compra efetiva enquanto os outros 96% ainda estavam na jornada de compra.

Utilizando esses dados para uma análise mais profunda, pense agora no seu negócio, nas suas últimas campanhas, nos seus últimos anúncios. Você estava anunciando para os 3% ou para os 97%? Estava tentando atingir os dois públicos ao mesmo tempo? Como estava o seu tráfego? A maioria massacrante dos anúncios que vejo são voltados apenas para esses 3%. Então, se há centenas de milhares de corretores brigando apenas por uma fatia mínima de um oceano, os outros 97% estão praticamente livres.

Acontece que o corretor é imediatista, não quer pensar a médio prazo. São poucos os que têm a paciência de nutrir, até o momento de fechar negócio, o cliente que ainda não está pronto para comprar. O mais comum é que o corretor abandone o *lead* que não converte rapidamente e parte para o próximo. Onde está a salvação da lavoura? Sempre no próximo *lead*. Seguindo esse raciocínio, se reunirmos 100 *leads* e fecharmos uma venda, para fechar duas vendas vamos precisar de 200 *leads*. Essa é a conta do mercado tradicional, que não está preocupado com *performance*. Aqui na Jarvis, a visão é outra. Se fechei apenas uma venda com 100 *leads*, o que aconteceu com os outros 99? Por que não houve conversão?

Então, quando comparei os dados mundiais com os dados nacionais, consegui entender que os 3% de clientes que estavam prontos para comprar detinham 100% dos anúncios. Ou seja, havia um oceano azul de 97% de clientes sem receber atenção. Foi a partir dessa percepção que nós mudamos a nossa estratégia na Jarvis e passamos a desenvolver conteúdos direcionados para o mercado, para cada tipo de cliente e para corretores. E, em se tratando dos tais 3%, transformamos o material dedicado a eles em anúncios extremamente assertivos, identificando o **perfil de cliente ideal** (PCI).

Temos um processo em que nos reunimos internamente para discutir o PCI de um produto. É uma conversa livre, com vários corretores pensando juntos para chegar ao PCI que entregamos para o time de *marketing* montar a campanha direcionada. Nós não simplesmente encomendamos uma campanha que fica totalmente sob a responsabilidade do *marketing*. Nós criamos o PCI internamente e supervisionamos todo o trabalho. Assim, passamos a ter anúncios extremamente qualificados para esses 3%, com gatilhos baseados no que realmente é importante e, com isso, passamos a converter mais. Já os outros 97% entram numa rotina de nutrição, com informações e conteúdos específicos para cada etapa da jornada de compra.

Como nutrir o cliente com conteúdos direcionados é uma forma de educá-lo, a Jarvis passou a ser também uma empresa de educação. Nós acompanhamos o cliente em sua jornada, demonstrando nosso posicionamento e fixando a nossa marca na mente desse cliente. No momento em que ele diz "estou pronto para comprar", a primeira empresa em que ele pensa é a nossa, o que praticamente não deixa brecha para a concorrência.

Todo mundo prefere comprar com o "professor", com quem ofereceu orientação e informação de qualidade, tirou dúvidas e deu atenção ao longo do caminho. O cliente acaba desenvolvendo quase uma dívida de gratidão com o corretor que tem esse perfil. Então, dificilmente outro profissional conseguirá se aproximar e receber uma oferta — a não ser que você não tenha o produto que o cliente queira. Isso acontece mais com imóveis usados, que chamamos de imóveis de terceiros. Esse pode não ser um produto frequente na sua carteira e, se surge um anúncio atrativo, seu cliente pode acabar comprando com um outro corretor.

Pode acontecer também de o cliente, já fidelizado, encaminhar para você o anúncio da concorrência, apenas para saber se você consegue atendê-lo e dar andamento à consulta do imóvel. E é justamente em situações como essa que podemos perceber que o trabalho de educação deu certo, pois o cliente busca o profissional que esteve ao seu lado o tempo todo, que o conhece bem — enfim, em quem ele tem confiança. Essa exclusividade no atendimento é construída aos poucos e continuamente.

Você deve estar se perguntando agora: como nutrir essa base dos 97% de potenciais clientes?

E mais: qual é o tipo de conteúdo que realmente gera, no cliente, a percepção de valor que você precisa transmitir? Sou muito franco quanto a isso nas redes sociais e, muitas vezes, sou penalizado por essa atitude. Em minha opinião, conteúdos "mais do mesmo", maniqueístas ou com dicas e passo a passo são entediantes. Você acredita mesmo que, antes de comprar um imóvel, o cliente já não sabe que precisa se organizar financeiramente e analisar alguns pontos, como a localização do imóvel pretendido? Conteúdos rasos como esse não geram relevância nem engajamento nas redes.

Então, como criar conteúdos que realmente façam você e sua empresa se diferenciarem da concorrência? A resposta é simples: analisando os últimos atendimentos feitos — se foram para um produto específico ou para uma localização específica, por exemplo. Falo da perspectiva de uma imobiliária, em que posso convocar meus melhores vendedores para essa tarefa. Se você for autônomo, vai precisar fazer esse exercício sozinho. E, se for gestor e tiver um time, poderá realizar essa atividade com sua equipe.

Gosto da figura do especialista chancelando os conteúdos, mas não gosto do especialista em imóveis. Imóveis é um assunto muito amplo. O que fizemos na Jarvis foi mapear as dúvidas frequentes dos clientes em relação a imóveis e transformá-las em conteúdo de valor. Organizamos esse conteúdo em nichos de atuação. Por exemplo: especificidades do produto e da região, tendências do mercado imobiliário, perfis de investimento etc. Muitas vezes, a dúvida de um pode ser a dúvida de muitos. Portanto, com esses conteúdos específicos, ganhamos a chance de alcançar mais pessoas.

Além disso, o conteúdo formatado dessa maneira, pautado nas dúvidas dos próprios clientes, funciona também como uma metodologia para educar a nossa base de acordo com o que acreditamos. Habituado com essa metodologia, o cliente se sente estimulado a procurar mais conteúdos, a compartilhar o que está aprendendo, a entrar em contato conosco e até a mandar uma mensagem para iniciar uma conversa. A indicação é um fator muito forte na geração de *leads* da Jarvis. Por isso, nós também contamos com um processo bem definido para lidar com situações de indicação.

Essas ações visam sempre à ampliação da nossa base, porque uma receita previsível e recorrente depende da geração de *leads*. E não entenda geração de *leads* apenas como publicar anúncios patrocinados. Você pode gerar um *lead* até mesmo dentro de um elevador. Numa dessas conversas casuais, só para fazer o tempo passar, alguém pode fazer algum comentário ou pergunta sobre imóveis, até sobre o prédio em que estão, abrindo a oportunidade de você se identificar como corretor e entabular uma explicação ou uma resposta. E, quando você menos esperava, gerou um *lead*.

Novos clientes trazem novas receitas, e essa máxima não pode ser esquecida. Imóvel não é um produto de grande giro. Se um cliente compra um imóvel hoje, quando é que ele vai comprar outro? Isso vai depender do público-alvo com o qual você estiver trabalhando. Eu, como corretor, não posso ficar restrito àquela quantidade de investidores que conseguem comprar dois, três, quatro imóveis por ano. A base de clientes cansa, perde fôlego. Diante disso, é preciso ter estratégias de reposicionamento para o público que já está conosco. É preciso saber o nível de retenção, ou seja, entender em quanto tempo o cliente que comprou algo hoje vai comprar novamente, para que possamos atuar junto a ele justamente nesse intervalo entre compras.

É um erro grave abandonar um cliente após a compra, principalmente se esse cliente for um investidor. Para investidores, a compra do imóvel é apenas uma parte do processo. A vida útil de um imóvel, nas mãos de um investidor, inclui também a obtenção do lucro por meio da valorização e da revenda. E esse cliente não pode estar sozinho nesse momento da revenda. O corretor em quem ele confiou desde o início, que o acompanhou na compra inicial, precisa estar ao lado dele. Isso não é só criar, mas também manter e fidelizar a base a ponto de que ela se multiplique sozinha, por meio de indicações dos próprios componentes dessa base.

Imagine corretores que estão há dez, quinze, vinte anos no mercado. Geralmente, esses profissionais não têm um posicionamento forte na internet, mas conseguem viver em alta *performance*, vendendo muito. São fortes em *networking*, que é uma ferramenta excelente para ampliar a base de clientes. Profissionais "das antigas", além de vendedores, são verdadeiras máquinas de receber indicações. E esse é um processo que acontece e converte muito no *off-line*, fora da internet e das redes sociais.

O que observo é que o mercado imobiliário ainda está na era do *marketing* 1.0, voltado apenas para as características do produto, enquanto outros campos de negócios já evoluíram para o *marketing* 5.0 — o mais recente até a data de escrita deste livro —, que trabalha com a fusão entre tecnologia avançada e fator humano. Para quem não sabe, *marketing* 1.0 é a primeira fase do *marketing* moderno, que se desenvolveu no início do século XX. Trata-se de uma fase orientada para o produto, com foco na produção em massa e na distribuição, e foi estudada e teorizada pelo estadunidense Philip Kotler[3].

De acordo com Kotler, na era do *marketing* 1.0, o vendedor fala do produto e de suas características — o produto é o norteador do conteúdo dos anúncios. Depois, com a evolução para o *marketing* 2.0, o cliente passa a ser o centro de tudo. Nessa era, o importante é entender e focar o cliente, e não mais o produto. Já no *marketing* 3.0, o cliente continua em

---

[3] Considerado o pai do *marketing*, Philip Kotler define *marketing* como um processo social e administrativo que permite às pessoas obter o que desejam e necessitam. Kotler desenvolveu as eras do *marketing*, que vão de 1.0 a 5.0.

destaque, mas agora o foco se desvia do perfil para a experiência desse cliente. Isso significa trabalhar pelo valor que o cliente vai agregar ao seu produto, chamado também de valor percebido. Em seguida, vem o *marketing* 4.0 — o *marketing* digital — totalmente baseado na internet, em redes sociais, *sites*, aplicativos e portais, mas ainda com ações centradas na percepção de valor do cliente.

A era do *marketing* 4.0 favoreceu o aparecimento da figura do influenciador nas redes sociais. É o profissional que indica um produto que o público tende a comprar porque confia na palavra e na percepção dele. Mas ainda são poucos os corretores brasileiros que se valem do *marketing* 4.0 para conseguir, de fato, influenciar pessoas. Isso acontece porque os que ganharam alguma relevância nas redes sociais estão, muitas vezes, voltados única e exclusivamente para o lado financeiro do negócio, para a comissão, para o fechamento da venda. Então, a presença desses profissionais nas redes passa a ser vista como mera publicidade, e não como conteúdo de valor, capaz de influenciar a decisão de compra do público.

Como o mercado imobiliário ainda atua de maneira muito tradicional em termos de *marketing*, falando de características de produto, é difícil encontrar profissionais que utilizem as mídias sociais para transformar o dia a dia do seu negócio e, principalmente, para educar o público. E isso é grave, porque, quando atentamos para o que realmente converte nas redes sociais, fica evidente: nada supera a educação do cliente. O professor sempre será a maior autoridade da sala de aula, independentemente de quem esteja presente. Nas redes sociais, acontece a mesma coisa: a maior autoridade sempre será o "professor", ou seja, o profissional especialista, aquele que detém o conhecimento especializado e tem a prática de compartilhar esse conhecimento. A percepção de especialista gerada quando você entrega conteúdo de valor nas redes sociais aumenta o seu valor de mercado e, assim, você passa a ser uma influência para os seus clientes, que passam a buscar a sua opinião, a sua visão, e não apenas o seu produto.

Não existe negócio que coloque em risco nossa reputação, porque reputação tem a ver com aquilo que falam de nós quando não estamos presentes. Portanto, é importante assimilar bem o que foi visto até aqui neste livro, para que você se torne capaz de entregar conteúdo de valor ao cliente e de expandir os horizontes dele e, assim, alcançar a alta *performance* que tanto almeja.

Se você não abandonar seu cliente e acompanhá-lo em todas as fases até a obtenção do lucro — e isso agora acontece fora das redes, no *off-line* —, esse cliente se tornará uma máquina de indicações para você. Assim, seu negócio vai começar a girar de forma a não depender única e exclusivamente do *on-line*, porque vender para quem já conhece você é muito mais fácil do que vender para quem nunca o viu. Dito isso, entenda que a estratégia do seu trabalho tem que ser unir *off-line* ao *on-line*. Essa união é o *match* perfeito para a alta conversão.

Definição de perfil de cliente ideal (PCI)

Há uma confusão entre PCI[4], público-alvo e *persona*. Então, vamos organizar esses conceitos.

O **público-alvo** é definido tomando por base dados demográficos: idade, renda, escolaridade, número de filhos, região de residência, naturalidade. Dessa forma, o público-alvo oferece uma visão macro do cliente.

A ***persona*** pode ser considerada uma evolução do público-alvo. A base de dados que define a *persona* ainda é a demográfica, porém acrescida de um avatar, ou modelo. Esse avatar traz uma ideia da personalidade das pessoas que compõem o público-alvo: quem são, como pensam, como enxergam determinados assuntos. Assim, a *persona* oferece uma visão mais micro do cliente.

O **PCI** é a *persona* no contexto de *lead*. Então, para chegar ao PCI, cruzamos dados demográficos, dados de personalidade

[4] Na literatura de *marketing*, você pode encontrar a sigla ICP, que vem do inglês "*ideal client profile*", mas prefiro usar a sigla com base na expressão em português: perfil de cliente ideal, ou PCI.

e dados circunstanciais do cliente em potencial. Esses dados circunstanciais são dores, angústias, necessidades e desejos pelos quais o cliente está passando e que meu produto é capaz de mitigar, suprir e atender. O PCI oferece uma visão completa e detalhada do cliente para ser trabalhada na linguagem do *marketing*, visando à geração de *leads*.

Na Jarvis, o processo de definição de perfil de cliente ideal parte de oito pontos principais, discutidos em uma reunião de *brainstorm* da qual participam corretores, especialistas da região em questão e/ou especialistas no tipo de produto que será lançado. Após a definição do PCI, todas as campanhas de *marketing* são direcionadas a esse tipo de cliente.

Quando citei o produto "mistão" no pilar de conceito de produto (Capítulo 3), mencionei a dificuldade de preparar uma campanha de *marketing* considerando os múltiplos PCIs. Na Jarvis, geralmente verificamos o que predomina, definimos o PCI a partir dessa predominância e montamos as campanhas com a linguagem adequada a esse perfil. Assim, é no atendimento — quando temos a chance de conhecer melhor o *lead* que entrou em contato buscando informações — que abrimos o leque e mostramos os outros tipos de produtos disponíveis no mesmo empreendimento.

> A reunião de *brainstorm* começa com apenas a *persona* definida (dados demográficos + dados de personalidade).

A partir disso, passamos a nos aprofundar na ideia do cliente ideal para chegar à definição do seu perfil. Os pontos que levantamos são como os fios de um novelo que vamos puxando ao longo da conversa. A seguir, apresento um modelo de pontos de aprofundamento com base em um exemplo real de empreendimento lançado em 2024.

Ponto 1: onde o cliente vai se divertir e socializar. As respostas que surgiram para esse ponto foram: *shopping*, rua fechada — o produto está localizado em uma área da praia onde, aos domingos, a pista para carros fica fechada, permitindo que os moradores aproveitem o espaço para lazer — e restaurantes com área infantil.

Ponto 2: onde o cliente busca informações. Basicamente, na internet, por meio de buscadores como o Google e das redes sociais.

Ponto 3: as maiores frustrações e os maiores desafios desse cliente. No exemplo que estamos seguindo, surgiram apontamentos como: "os filhos não terem a experiência de uma infância com liberdade", "poder dar o melhor para a família com o poder de compra atual", "conciliar a vida corrida com os momentos em família e com um planejamento financeiro".

Ponto 4: as esperanças, os sonhos e os desejos do nosso cliente ideal. Colecionar os melhores momentos, garantir o bem-estar da família e melhorar a criação dos filhos.

Ponto 5: a forma de comunicação preferida. Via WhatsApp.

Ponto 6: frases, termos e expressões que esse cliente usa. Nesse caso, definimos o "bora marcar". Em Maceió, é muito comum encontrar os amigos, comentar sobre o tempo sem se ver e dizer "bora marcar", "bora marcar um churrasco", "bora marcar de ir a tal canto". O "vamos marcar" também é ouvido. O pessoal do "bora marcar" tem uma vida corrida, uma semana extremamente tumultuada e, no fim de semana, quer descansar ou ter mais tempo de qualidade em família. Esse pessoal também acaba não tendo tempo para socializar, para ver os amigos. O produto que tínhamos mitigava justamente essas dores e supria essas necessidades. O "bora marcar" gera um bom gatilho para as campanhas de publicidade do empreendimento. É preciso pensar nisso também.

Ponto 7: como é o cotidiano desse cliente. O casal trabalha em lugares diferentes, organiza a logística dos filhos, um deles almoça em casa, eles não contam com uma trabalhadora doméstica fixa, o outro chega em casa perto das sete da noite para o jantar, e o fim de semana inclui passeios em família.

Ponto 8: o que faz o cliente feliz. Ver a família bem e feliz.

A reunião de *brainstorm* termina com um resumo em um parágrafo das respostas para todos esses pontos. E aí o PCI está definido.

No exemplo que viemos seguindo, definimos como PCI para esse produto uma família jovem, com dois ou três filhos, em que o casal vive preso no seu cotidiano. Os filhos estão crescendo sem aproveitar o verdadeiro significado de uma infância com liberdade. O apartamento ficou pequeno, inviabilizando o *home office* e diminuindo o conforto da família. A busca por um apartamento maior ficou prejudicada pelo aumento dos preços e pela consequente diminuição do poder de compra. Assim, um planejamento financeiro a médio prazo pode ser a única solução. A construção de uma casa em condomínio fechado pode tirar os sonhos e os desejos do papel, considerando que envolve criar o projeto pensando no bem-estar da família, cada cômodo em detalhes, além de espaços para receber os amigos, da tranquilidade de saber que os filhos estão brincando com outras crianças em segurança e da paz de saber que é possível colecionar os melhores momentos da vida.

A partir desse resumo e dessa definição, a equipe de *marketing* consegue estruturar diversos criativos e maneiras de se comunicar com esse público. Nesse estágio, é preciso seguir a estratégia fielmente.

O gestor de tráfego, o *designer*, o *filmmaker*, enfim, toda a equipe de *marketing* sente uma grande diferença quando recebe o perfil de cliente ideal para trabalhar em vez das características de um produto. Pode ter certeza de que sua equipe de *marketing* vai gritar "gol!" assim que você sair da sala.

Se não há PCI, é o *marketing* que tem que pensar em público, foco, região e abordagem, ou linguagem. E essa situação pode resultar em campanhas desalinhadas, sem as informações necessárias, sem atratividade. Existe uma infinidade de anúncios muito parecidos circulando atualmente; portanto, se o seu não tiver um diferencial, não conseguirá chamar a atenção do seu cliente. Dessa forma, entregar o PCI é o mesmo que dar a faca e o queijo para que seu time de *marketing* produza anúncios que gerem alta *performance* em *leads*.

Pirâmide de vendas

A primeira coisa que quero que você entenda é que a dor do cliente investidor não é perder dinheiro — afinal, ganhos e perdas fazem parte do jogo, e o investidor está acostumado com essa gangorra. A principal dor do cliente investidor é, na verdade, deixar de ganhar dinheiro, ou seja, perder uma boa oportunidade. E o que faz um investidor não perder oportunidades? Informação.

Já falamos que, no momento em que escrevo este livro, o mercado está passando pelo ciclo de excesso de ofertas. Então, em se tratando de investidor, esse ciclo do mercado é pautado pela educação e pela informação de qualidade. Dito isso, é preciso colocar a educação em prática. Como atrair esse cliente investidor?

Você deve começar esse percurso verificando sua verba para anúncios, porque essa verba precisará ser alocada em duas frentes de trabalho. Voltando à pirâmide de vendas de Sabri Suby, uma frente de trabalho foca os 3% do topo da pirâmide que estão prontos para comprar, ou seja, os clientes quentes; e a outra frente foca os 97% restantes que ainda não estão prontos para comprar, isto é, aqueles clientes que ainda estão na jornada de compra. Então, o objetivo da primeira frente de trabalho é capturar os 3% de clientes quentes, enquanto a segunda frente visa nutrir os 97% que ainda estão na jornada de compra. Mas, como atuar em duas frentes ao mesmo tempo?

Minha sugestão é começar dividindo a verba em porções para que você possa testar e entender a dinâmica do seu negócio. É interessante, por exemplo, iniciar com algo em torno de 80% da verba direcionados às ofertas para os clientes quentes e 20% direcionados à nutrição dos clientes em jornada de compra. Em seguida, pode-se passar para 70%-30% e depois para 60%-40%. Dessa forma gradual, não há mudanças bruscas no seu método de atuação e você previne o desequilíbrio do seu negócio. Foi assim que fizemos na Jarvis. Atualmente, nossa verba está dividida meio a meio — 50% vão para ofertas e 50% para nutrição.

A segunda coisa que é preciso entender, principalmente se você está começando no mercado imobiliário, é que o seu objetivo não é vender. O objetivo é gerar e capturar o *lead*. E isso só é possível se você se dispõe a acompanhar esse cliente na jornada de compra, com educação, informação e nutrição. Sendo assim, não podemos tratar os 97% de clientes da base da pirâmide como se fossem os 3% do topo. O cliente em jornada de compra é diferente.

Definida a verba, o passo seguinte é criar a isca ideal. Em um cenário de excesso de ofertas, a isca ideal é a oferta de altíssimo valor agregado. Então, você vai preparar essa oferta. E não adianta apelar para dogmas religiosos, dicas e conteúdos rasos, pois o cliente investidor é consciente e maduro. Para o investidor, apenas um conteúdo embasado funciona.

Uma sugestão é organizar em "miniconteúdos" as informações que já foram dadas aqui no livro, sobre todos os pilares, sobre o que é realmente importante e sobre o que converte. Divida esse material em *e-mails*, criativos, vídeos e postagens que realmente atraiam a curiosidade do cliente. A meta é impressionar a tal ponto que esse cliente diga "se esse profissional está me passando essas informações gratuitamente, imagine se eu comprasse com ele"; "se eu fosse cliente dele, imagine a maneira diferenciada como esse profissional iria me atender só porque ele é um especialista". Então, procure deixar uma boa primeira impressão.

Depois dos miniconteúdos, você pode passar para uma série de conteúdos mais detalhados, mais longos. Dizem que material longo não converte, mas não se engane. O cliente que está na fase de descoberta, em busca de informação e conhecimento, prefere um material mais longo que possa responder às suas inúmeras perguntas. Então, quanto mais respostas você trouxer dentro do seu texto, mais atraído o cliente vai se sentir.

Lembre que a função do anúncio agora é capturar o clique, gerar o *lead*. Entenda que o *lead* é alguém que se tornou dez vezes mais propenso a entrar em contato com você, seja para aprender algo ou até mesmo para efetuar uma compra. Então, o objetivo com esses conteúdos é informar gratuitamente para que o cliente diga "A partir de agora, eu só vou comprar com um professor". E você tem que ser esse professor.

Nesse cenário de excesso de ofertas, se você não conseguir construir junto ao cliente a imagem de especialista, de professor, não vai capturá-lo. Esse cliente está cheio de perguntas e com alto nível de incerteza em razão da quantidade e diversidade de ofertas. E, quando há incerteza, não há compra. Portanto, você deve conduzir seu cliente para a certeza. E isso só se faz reunindo uma imagem sólida de profissional com conteúdo de valor; do contrário, esse cliente não vai confiar nem em você nem nas informações que você compartilhar.

Às vezes, basta uma informação exclusiva de algum empreendimento — uma informação que só você tenha — para atrair seu cliente desconfiado. A partir do momento em que você capturar esse *lead*, terá uma jornada inteira para trabalhar com esse cliente. Você vai produzir conteúdos e materiais para que o *lead* comece a jornada e chegue ao momento em que possa ser impactado por uma oferta. A intenção não será capturar esse *lead* para simplesmente dizer: "Veja, já tenho um produto ideal para você". A meta é incluir esse cliente na sua base para que ele passe a receber seus conteúdos de educação e nutrição, nos quais você apresenta o problema do mercado, mostra exatamente a quantidade de ofertas e produtos iguais, e gera no cliente a consciência de que ele precisa de um especialista para ajudá-lo a tomar a decisão. Então, você mostra o problema do mercado e, em seguida, a solução. E a solução do problema é o empreendimento que você vai apresentar. Acontece que esse empreendimento só fará sentido se o cliente enxergar você como especialista.

Finalmente, você tem uma captação de *leads* para nutrir a sua base. Esse cliente será transformado pelo seu conteúdo até se tornar um cliente quente. Essa jornada de compra pode durar de dois a seis meses, em média. Chegamos a fazer campanhas de seis meses na Jarvis em que, ao final desse período, o cliente estava pronto para receber uma oferta e para nos ajudar a alavancar o empreendimento.

5

A ESTRATÉGIA

Com o conteúdo dos capítulos anteriores, você já teria um poderoso argumento de vendas e conseguiria mudar a sua realidade como corretor. Portanto, chegar a este capítulo significa reunir todas as informações vistas até aqui e partir para a ação.

Na minha visão, para entender de estratégia, é preciso compreender quatro pontos essenciais: **lista**, **contato**, **plano** e **fechamento**. Esses pontos compõem uma metodologia aplicada no mundo todo, principalmente no *marketing* multinível, em empresas como Hinode, Amway e Herbalife. O sistema de treinamento do *marketing* multinível, que considero a maior escola de negócios do mundo, é baseado nesses quatro pontos. Se essa metodologia funcionou tão bem para o setor industrial, por que não poderia funcionar para o mercado imobiliário? Foi a partir dessa suposição que adaptei a metodologia do *marketing* multinível ao mercado imobiliário e obtive ótimos resultados.

Você se lembra de sua época na escola, quando o professor dizia: "Olhe para frente, a prova é individual."? Na Jarvis, seguimos esse preceito: o nosso concorrente somos nós mesmos. Sendo assim, para falar de números, usarei meus próprios parâmetros: meu semestre passado, meu ano passado, meu mês passado. Começamos a operar com essa nova metodologia em 2022. Até 2024, contabilizamos cerca de 500 apartamentos vendidos para investidores — um número expressivo para uma operação de apenas dois anos.

Provavelmente, você já deve ter ouvido falar em Jordan Belfort, conhecido como o Lobo de Wall Street e interpretado por Leonardo DiCaprio no filme homônimo. A história dele é nebulosa, marcada por fraudes, atos de má-fé contra clientes e prisão. Contudo, no período em que esteve detido, ele conta que fez a reflexão: Eu sou um cara que transforma pessoas comuns em vendedores extraordinários e usei isso para o mal. A partir de agora, todas as pessoas que eu treinar na minha metodologia, que me fez ser esse monstro e enriquecer, vão ser direcionadas para o bem, para algo sério. E foi assim que ele criou o sistema de treinamento Linha Reta. Na minha opinião, não há nada mais fantástico no mundo de vendas do que esse sistema, e você pode ler mais sobre isso no livro *O segredo do lobo* (Belfort, 2018).

O treinamento Linha Reta parte do princípio de que o caminho mais rápido entre dois pontos é uma reta. Mas que pontos são esses? A abertura e o fechamento. Ou seja, existe uma linha reta que leva você da abertura ao fechamento sem desvios. Além disso, Berlfort (2018) usa uma máxima muito marcante e verdadeira: toda venda é igual.

> No início, não entendi muito bem essa afirmação, mas depois tudo fez sentido.

De acordo com Belfort, existem três elementos básicos que precisam estar presentes no seu processo de venda. Com esses elementos, você provavelmente vai fechar negócio. Se faltar um deles, dificilmente conseguirá avançar. São eles:

1. o produto;
2. "eu"/"você" (o corretor);
3. a empresa.

Numa escala de 0 a 10 — sendo 10 uma percepção muito positiva —, esses elementos precisam atingir, na visão do seu cliente, uma nota entre 8 e 10. Neste momento, você pode estar pensando que, no mercado imobiliário, a força do produto é menor do que a do corretor, do profissional de vendas. Eu também fiquei pensando assim e vou explicar como isso não é um problema.

Na compra de um carro, por exemplo, você opta pela marca, pela tecnologia, pelo produto. Na concessionária, pode ser bem ou mal atendido, mas sai de lá com o carro. Na compra de uma caneta, acontece a mesma coisa: seu foco está no produto, e o vendedor está em segundo plano. Já no mercado imobiliário, o vendedor está à frente do produto, porque é através da percepção de especialista do vendedor que o cliente passa a prestar atenção e a entender que é esse profissional que vai ajudá-lo. Basta pensar em quantas vezes você, corretor, conseguiu entender o seu cliente, o que ele estava buscando, o que lhe era importante, o tipo de imóvel desejado, e fez a diferença na decisão de compra. O mercado imobiliário é altamente complexo e, nessa venda, o elemento "**você**" vem primeiro.

Por isso, a primeira adaptação que fizemos no Treinamento Linha Reta foi colocar o "você" antes do produto. Assim, no nosso mercado, as três notas 10 necessárias devem vir nesta ordem:

1. "eu"/"você";
2. o produto;
3. a empresa.

Quando implementamos essa nova ordem aqui na Jarvis, a cultura da empresa ganhou outra perspectiva. No meu time, o "eu" ("você") está sempre em primeiro lugar. Vejamos agora como isso se aplica na prática.

Imagine que você está em um atendimento, levou o cliente até a construtora para ver um produto e teve o seguinte retorno: "Poxa, gostei demais do seu atendimento, da sua apresentação, esse apartamento é excelente, acho que se encaixa no que estou precisando, mas dessa construtora eu não compro". Isso aconteceu muito comigo aqui em Maceió, durante a crise imobiliária, quando muitas consultoras entraram em recuperação judicial, o clima era de muita insegurança e os produtos oferecidos eram de baixa qualidade. Tenho certeza de que isso também já aconteceu com você, na sua praça. Nesse contexto, eu tinha o "eu" e o produto, mas não a empresa.

Também pode acontecer de o cliente dizer: "Olha, você apresentou muito bem, sabe tudo sobre o produto; essa empresa é sensacional, muito séria, gostei demais da qualidade, mas esse apartamento é pequeno e não atende às minhas necessidades". Nesse caso, tenho o "eu" e a empresa, mas não o produto.

É possível ainda um terceiro cenário, em que o cliente olha o produto, vê que ele atende às suas necessidades e se apaixona pela construtora, mas você não está passando uma imagem de especialista; em vez disso, está passando a impressão de que está empurrando o produto, visando apenas o dinheiro desse cliente. Depois desse atendimento frustrante, você fica sabendo que esse mesmo cliente comprou o exato produto que você apresentou, mas com outro corretor. E isso aconteceu porque você tinha o produto e a empresa, mas não o "eu".

Observando esses três exemplos, você consegue entender por que, no nosso negócio, o elemento "eu" vem em primeiro lugar? Os produtos são os mesmos, as empresas são as mesmas, portanto, a única variável que vai fazer diferença sou eu, o profissional, que tenho as informações de especialista e os melhores argumentos de venda.

Se, como já dito, o nosso objetivo como corretores é gerar *leads*, preferencialmente de forma orgânica, não podemos perder de vista que, na ponta desse processo, está o nosso posicionamento de marca, de autoridade e de conhecimento. No nosso negócio, o ideal é que pelo menos 80% dos *leads* sejam orgânicos. Entenda que *leads* orgânicos são gratuitos e são gerados, por exemplo, em uma conversa que você tem num restaurante, ou por meio de um amigo que faz uma indicação — o cliente o procurou, visitou seu perfil nas redes sociais, acessou seu *site*. Perceba como o elemento "eu" ("você") é decisivo. Todos os pontos da estratégia — **lista**, **contato**, **plano** e **fechamento** — dependem da imagem de profissional qualificado e confiável. A lista de clientes que você vai montar precisa confiar em você. Quando você fizer o contato com esse cliente, ele deve parar para ouvi-lo, porque você tem credibilidade. Então, o "eu" precisa estar forte.

A chave para o seu sucesso nessa profissão é a sua marca e o seu posicionamento; por isso, a inversão. Não é o produto que vai atrair o cliente e fidelizá-lo; não é a empresa que vai ser a mola propulsora do seu resultado; é você e o seu "eu". É a sua forma de se comunicar, de se posicionar, de enxergar as necessidades do seu cliente e direcioná-lo para o melhor.

É a sua entrega de resultados e sua prova social que farão a diferença. **É você que vai fazer a diferença**.

O treinamento da Jarvis é todo baseado nesse primeiro elemento: o "eu". Treinamos bastante mentalidade, posicionamento, entendimento do cliente, identificação de necessidades, jornada de compra e pirâmide de vendas.

Montar a lista e fazer contatos

Para montar uma boa lista de clientes, é preciso sair para prospectar. Costumo dizer que isso é um dom, uma habilidade. Encontrar pessoas para fazer negócios talvez seja a principal habilidade de um profissional de vendas. É realmente uma competência-chave para o sucesso no mercado imobiliário. No entanto, um problema significativo que identifico é que *network* — ou seja, a rede de relacionamentos — não é escalável, pois não consigo simplesmente criar um processo para isso. Digamos que, neste mês, você se proponha a sair para fazer trinta novos amigos, conhecer gente de todo tipo. Acontece que forçar uma relação não gera conexão verdadeira, fluida, natural e duradoura.

> Nos capítulos anteriores, você viu como tratar um cliente para inspirar confiança e deixá-lo pronto para fazer negócio em um lançamento futuro.

Essa é a única forma de escalar uma rede de relacionamentos: gerar anúncios e atrair com iscas, para que esse cliente em potencial se integre à sua base e passe de um simples curioso em busca de informação a um comprador que seguirá as orientações do especialista, do professor que o ensinou sobre o mercado enquanto o preparava para o momento da tomada de decisão e da compra. Percebo que, hoje em dia, o público está buscando mais conteúdo do que ofertas e, por isso, tem focado mais em pessoas que possam ensinar e transmitir conhecimento. Isso significa que a figura do especialista, do professor, está em alta, e essa valorização deve ser muito explorada.

Atente-se a este detalhe: na corretagem, existem três portas de entrada, e você só se torna corretor passando por uma delas.

A primeira é a da herança, quando você é corretor porque foi influenciado por alguém muito próximo — um tio, um pai, uma mãe, alguém que já é um profissional de sucesso e em quem você se espelha, que o faça pensar: "Poxa, vou ser corretor, vou seguir esses passos".

A segunda porta é a da oportunidade, quando você sempre trabalhou com vendas, por exemplo; quando você conhece muita gente, está no meio de pessoas que têm poder aquisitivo para fazer negócios e decide entrar na corretagem porque consegue enxergar esse cenário favorável. Essa foi a minha porta de entrada. Eu tinha uma empresa de *marketing* que já atendia imobiliárias e resolvi ingressar na corretagem. De maneira geral, a entrada no mercado por essa porta nos força a dividir um pouco as atenções, porque, comumente, envolve migração gradual de um negócio ou carreira para outro. Funciona mesmo como um teste: "Se der certo, parto para a corretagem". No meu caso, fechei a empresa em um espaço de tempo relativamente curto e passei a me dedicar exclusivamente à corretagem.

A terceira porta é a da necessidade. Essa não seria a melhor porta a ser usada, e vou explicar por quê. De certa maneira, não é difícil entrar no ramo da corretagem. Você pode fazer um curso *on-line*, ou mesmo presencial, de curta duração, com apenas uma aula por mês, por exemplo, com provas bem simples e niveladas por baixo. Depois disso, você pode acessar o CRECI e tirar sua carteira. Com essa facilidade, alguém que fechou uma empresa, que está desempregado, precisando fazer dinheiro o mais rápido possível, entra na corretagem. Dito isso, a porta da necessidade é a pior, porque a pouca exigência faz com que os iniciantes na carreira negligenciem alguns passos, principalmente o da segurança jurídica, e comecem a empurrar o produto para os clientes porque precisam da comissão das vendas para pagar as contas. Nessa rotina de trabalhar para pagar contas, o profissional fica sem tempo para estudar, se desenvolver e se capacitar.

O foco é atender às demandas básicas da vida; então, a mente não consegue funcionar muito bem, porque a pressão nos primeiros meses é grande.

A corretagem tem características muito particulares, bem diferentes das de outras carreiras. Digamos que você escolha se formar em Administração de Empresas, passe quatro anos estudando na faculdade e só depois entre no mercado de trabalho como colaborador ou abrindo um negócio próprio. Veja o tempo investido para começar a pensar em faturar, colher frutos do estudo e do trabalho. Na corretagem, você tem a chance de faturar nos trinta primeiros dias de atuação e entra já pensando nessa primeira venda. Se não fechar um negócio sequer em seis meses, você desiste. Um dos grandes diferenciais é que, na corretagem, você estuda e aprende enquanto ganha dinheiro; você não estuda para só depois ganhar dinheiro.

Voltando à questão da lista, se você entrou no mercado imobiliário pela porta da herança, já tem meio caminho andado para criar uma lista de contatos quentes, de pessoas que estão prontas para fazer negócio. Se entrou pela porta da oportunidade, vai precisar de visão e tempo para explorar o campo e conseguir atingir as pessoas certas. Agora, se você entrou no mercado pela necessidade, a pressa em alcançar resultados pode nublar seu olhar para identificar e conquistar os clientes em potencial. Essa confusão mental pode descredibilizar você. E não se engane: ninguém compra com o coitadinho. Aquele papo de vendedor de "me ajuda para bater minha meta" não existe. Não conte com isso. A posição de quem está passando necessidades deixa você vulnerável, não transmite confiança nas abordagens e conversas.

Mas não fique triste ou apavorado por não ter uma rede de relacionamentos; eu mesmo não tinha. Quando entrei na corretagem, em 2015, meu ciclo social era formado por pessoas que não tinham poder aquisitivo para fazer negócios. Então, fui obrigado pelas circunstâncias a construir essa rede com clientes vindos dos anúncios e das prospecções ativas. E minha estratégia foi levar esses clientes imediatamente para as minhas redes sociais, onde tenho mais chances de falar do meu trabalho, alcançar mais pessoas e fazer com que elas me vejam e me acompanhem todos os dias.

Meu passo a passo é o seguinte: se conheço uma pessoa hoje, amanhã eu a levo para o meu perfil nas redes sociais para que ela possa me seguir e ver meu dia a dia. Por isso, meu perfil passou a ser exclusivamente profissional. Até postagens em momentos de descontração, em festas, com meus amigos, são propositais. Afinal, ninguém faz negócio com robô. É preciso equilibrar o conteúdo direcionado com momentos leves, para que os seguidores se identifiquem com você simplesmente pelo fato de você ser uma pessoa real.

Dito isso, observe a rede que você já tem antes de qualquer coisa. Se seu círculo social é interessante, diversificado e o tem em alta conta, certamente você poderá começar a montar sua lista de clientes a partir daí. Mas, se seu círculo não acredita muito em você e não lhe dá muito crédito, as coisas podem ficar mais difíceis, porque você fica sem ponto de partida. A consequência é uma jornada de resultados um pouco mais alongada, o que vai exigir de você paciência e perseverança — apenas isso. E vai dar certo, porque deu certo para mim, que não tinha uma rede de relacionamentos. Conheço casos de amigos que entraram na corretagem há pouco tempo e estão alcançando resultados gigantes porque já chegaram com essa bagagem para montar uma boa lista.

Agora que já falamos do como, vamos falar de quando montar essa lista. Digamos que haverá um lançamento daqui a oito meses; então, você precisa estar com a lista atualizada até lá. E as pessoas nessa lista precisam ter o perfil do produto que será lançado, ou seja, é preciso ter o PCI definido previamente. Note que o trabalho é feito com antecedência e diligência.

Tenho comigo dados coletados em dois anos de trabalho que me dizem, por exemplo, quantas pessoas preciso prospectar para montar a lista a fim de que eu alcance o número ideal de *leads* que vão, de fato, aceitar meu convite — o próximo ponto da estratégia — e que chegarão ao topo da pirâmide de vendas. Esses dados me dizem também o percentual de conversão necessário. Portanto, trabalhar um lançamento hoje está mais fácil porque já tenho essa métrica.

Em dados reais, o percentual de conversão das minhas listas é de 12%, ou seja, a cada 100 pessoas, apenas 12 são impactadas pelo convite para uma reunião de apresentação do plano de negócios, presencial ou *on-line*, e **aceitam** esse convite. Perceba que minha lista é qualificada, foi montada com pessoas que atendem ao PCI que defini, que estão interessadas no produto e que têm condição financeira para fechar negócio. Portanto, preciso colocar o máximo de pessoas na minha lista porque, a cada 100, só vou alcançar 12. Falo aqui de algo em torno de mil pessoas; acima de 500, pelo menos. E isso só vai acontecer se eu me preparar para os lançamentos.

Atualmente, o principal trabalho na Jarvis é o de preparação: cultivar uma boa base de clientes, para dela conseguir tirar listas mais alinhadas a cada lançamento. A planilha que compartilho na Figura 17 é a que usamos.

É uma planilha relativamente simples, composta dos possíveis interessados em determinado imóvel e de alguns critérios que criamos para classificá-los como potenciais clientes. Estabelecemos um *ranking* de uma a quatro estrelas

Figura 17 - Planilha do ranking de clientes da Jarvis.

LISTA DE NOMES | JARVIS

Nº	Nome	Telefone	Conta mais de 20 mil?	Networking	Confiança	Já investe em imóveis	Já chamei?	Conexão	Conhece a Jarvis	Não Conhece	Obs
1			☆	☆	☆	☆					
2			☆	☆	☆	☆					
3			☆	☆	☆	☆					
4			☆	☆	☆	☆					
5			☆	☆	☆	☆					
6			☆	☆	☆	☆					
7			☆	☆	☆	☆					
8			☆	☆	☆	☆					
9			☆	☆	☆	☆					
10			☆	☆	☆	☆					
11			☆	☆	☆	☆					
12			☆	☆	☆	☆					
13			☆	☆	☆	☆					
14			☆	☆	☆	☆					
15			☆	☆	☆	☆					
16			☆	☆	☆	☆					
17			☆	☆	☆	☆					
18			☆	☆	☆	☆					
19			☆	☆	☆	☆					
20			☆	☆	☆	☆					

Fonte: Acervo do autor.

que facilita a montagem de uma lista final mais assertiva para aquele produto.

Primeiro, verificamos a **renda**. Nosso número ideal é 20 mil reais. Se a pessoa ganha 20 mil ou mais por mês, marcamos a primeira estrela. Em seguida, avaliamos se essa pessoa tem um bom ***network***, ou seja, se seria capaz de trazer outros possíveis clientes com ela. Se sim, marcamos a segunda estrela. Depois, procuramos entender se é alguém que tem **credibilidade**, que transmite confiança. Se for o caso, uma terceira estrela é marcada. Por fim, pesquisamos se essa pessoa já tem **perfil investidor** em imóveis. A resposta positiva confere a ela uma quarta estrela. Assim, entram prioritariamente na minha lista de convidados as pessoas com quatro estrelas.

É muito importante ter clientes quatro estrelas na sua lista, especialmente aqueles que são bem relacionados e têm credibilidade junto à sua rede, porque são justamente esses que poderão indicá-lo a outras pessoas e abrir portas para o seu próximo produto. Para você ter uma ideia, tenho um cliente cujos amigos também compram comigo sem nem saber o que estão comprando: "Se Fulano entrou é porque o negócio é bom. Tô dentro!", é o que dizem. Então, entenda que você precisa estar atento e brigar por esses clientes, oferecendo a eles melhores condições, por exemplo. Por isso, é importante também manter sua planilha sempre atualizada.

Para entender como as conexões são decisivas, basta lembrar da lei da conexão em seis níveis, ou a "teoria dos seis graus de separação", popularizada pelo escritor húngaro Frigyes Karinthy. Essa teoria defende que você está conectado a qualquer pessoa no mundo em, no máximo, seis níveis. Por exemplo: eu estou conectado ao presidente dos EUA por meio de uma cadeia de seis pessoas a partir do meu círculo de relacionamentos. Eu conheço Fulano, que conhece Cicrano, que conhece Beltrano, que conhece uma pessoa, que conhece outra, que conhece o presidente. Isso significa que, ao montar uma lista, nem sempre você vai incluir a pessoa que vai comprar, mas sim a pessoa que pode conectar você a um real comprador. Então, se você vê num cliente seu a possibilidade de alcançar alguém de quem já ouviu falar e que parece um bom comprador para o seu produto, inclua não só a pessoa que já é sua cliente, mas também a pessoa que deseja alcançar. E lembre-se de apontar a conexão dessa pessoa com o seu cliente.

A lista de contatos é eterna. A minha começou a ser montada em 2015, há dez anos, e sigo atualizando-a, porque profissionais como eu vivem dessa lista. Corretores precisam ter sempre um novo *lead* entrando na carteira; e, se 80% desses *leads* chegam de forma orgânica, você alcançou um resultado sensacional.

Imagine se um dia a dinâmica do mercado — com a internet e os anúncios patrocinados — mudar. Você precisa transitar igualmente bem pelo mundo *off-line*. Muitas vezes, os grandes negócios e os grandes investidores nem estão na internet. Na minha praça, conheço grandes *players*, investidores muito ricos, que nunca fazem anúncios. Eles fecham grandes negócios contando com seus círculos sociais, por meio de suas redes de relacionamento.

Como já adiantei, *network* não tem processo de criação e não escala. Mas você pode ser uma pessoa extremamente sociável, fácil de se relacionar, alguém que faz novos amigos na academia, no supermercado, na sala de espera do consultório médico. Acontece que não é porque você conheceu uma pessoa hoje que vai fazer negócio com ela amanhã. Contudo, se pretende fazer negócio com ela um dia, o segredo é criar formas interessantes de se manter visível, tanto para essa pessoa quanto para todas as outras que for conhecendo pelo caminho e identificando como clientes em potencial.

Você deve estar sempre interagindo com as pessoas da sua lista. Ficar sem falar com um cliente por meses, ou até anos, não tem cabimento. Como impactar com assertividade um cliente na etapa do convite se você não manteve o relacionamento ativo, com comunicação e interações constantes? Portanto, é necessário que você encontre formas criativas de manter esse contato aquecido.

A maneira que encontrei para fazer isso foi por meio da minha atividade nas redes sociais. Toda a minha lista está presente como seguidores nos meus perfis, e estou sempre interagindo com eles, reagindo aos *stories* e deixando comentários no *feed*. Experimente agir dessa maneira. Sei que é uma tarefa que exige paciência, mas sei igualmente que você visualiza milhões de publicações todos os dias e não curte nenhum *story*, não comenta nenhum *post*.

De acordo com a métrica da Meta, dona do Facebook e do Instagram, o algoritmo é mais bem treinado pelos comentários que uma publicação recebe. Compartilhamentos e curtidas não têm o mesmo impacto, justamente porque o comentário é a interação mais difícil de conseguir dos seguidores e usuários de redes sociais. Comentar uma postagem, portanto, gera uma conexão muito mais eficaz com seu cliente. Se vocês se seguem mutuamente, mesmo que ele tenha perdido a interação com você ao longo do tempo — e, com isso, o algoritmo tenha deixado de mostrar suas publicações —, ao comentar nos *posts* dele, essa conexão é reativada, e ele volta a ver seus conteúdos (Becker; Almeida, 2024).

Não perca tempo: comece já a interagir com seus seguidores. Traga seus clientes para a sua rede social e use seu perfil para mostrar sua imagem e se apresentar como especialista. É o que faço. Só fique atento para não usar as interações para vender seus produtos a seus clientes seguidores. Seu objetivo não é esse; o objetivo é manter o relacionamento ativo e fazer com que as pessoas que estão na sua rede entendam que você é um especialista no seu mercado. Eu, por exemplo, converso sobre diversos assuntos nas redes, inclusive sobre mercado imobiliário. E é muito comum, ao encontrar um vizinho seguidor no prédio, ouvir coisas como: "Rapaz, vi você falando sobre um apartamento. Como é esse negócio?". Essa é a melhor situação possível, porque representa a virada no jogo. Não é você que está oferecendo algo, é a pessoa que está procurando — e pensou em você.

Perceba: um investidor quer comprar, mas não quer que fiquem lhe apresentando ofertas, tentando lhe vender produtos.

Por mais curioso que esse comportamento seja, é algo inato do ser humano. Portanto, a forma mais criativa de vender é parecer que você não está vendendo.

Lembre-se de que, nos dias de hoje, não existe nada mais forte do que a sua rede social. Seus conteúdos, sejam vídeos, *posts*, *reels* ou *stories*, têm o potencial de criar uma prova social a seu favor. E funcionam como um atestado de credibilidade, pois prova social é um fenômeno psicológico e social contemporâneo em que as pessoas tendem a adotar comportamentos, opiniões ou escolhas com base no que outras pessoas estão fazendo, dizendo ou aprovando. Em outras palavras, é a ideia de que, se muitas pessoas estão curtindo, compartilhando ou seguindo algo, isso deve ser bom, confiável ou relevante. Um *post* com milhares de curtidas e comentários positivos passa mais credibilidade e atrai mais engajamento, por exemplo. Influenciadores que promovem um produto podem induzir seguidores a confiar nele. Depoimentos e avaliações de usuários funcionam como reforço para decisões de compra. O número de seguidores pode servir como indicativo de autoridade ou popularidade.

A prova social funciona como um atalho mental em ambientes com excesso de informação, como as redes sociais, influenciando tanto decisões de consumo quanto de comportamento. Além disso, a prova social é o seu tão almejado atestado de especialista. Então, entende como é essencial que a sua rede social esteja bem trabalhada?

Esse é o meu processo: coloco minha lista na minha rede social e passo a interagir, sempre mostrando minha imagem de especialista. Dessa forma, cultivando o relacionamento com meus seguidores, quando eu tiver um produto e tentar impactar alguma dessas pessoas com um convite, não vai parecer uma ação aleatória ou despropositada. Será apenas mais uma ação natural no meio de todas as outras que vêm acontecendo ao longo do tempo. Essa memória de relacionamento construída pelas minhas interações pode facilitar — e muito — a vinda desses clientes em potencial para uma reunião.

Abordar e convidar

É no ato do convite que se separam os homens dos meninos, porque é nesse momento que você mostra o seu poder de persuasão, usa os gatilhos certos, o seu tom de voz e o seu lado ator — artístico mesmo — para trazer o cliente para uma reunião.

Sou muito grato por poder dizer que participei da indústria do *marketing* multinível. Em dois anos, cheguei ao cargo de líder na Hinode, e essa experiência foi uma escola gigante para mim. Mas essa indústria tem estratégias particulares que o mercado imobiliário não tem na hora de atrair clientes. No nosso mercado, o cliente sabe desde o princípio que está sendo apresentado a um imóvel, o que exige de nós, corretores, o uso de gatilhos certos para gerar curiosidade.

Quero que você entenda que estamos indo na contramão do que o mercado pratica. Este livro antecipa um formato de negócio que vai funcionar muito bem daqui a uns três anos. Estamos saindo na frente. Se esperar a demanda surgir, você entrará no jogo tarde. Então, antecipe-se e crie a demanda. Como diz o ditado: "Quem chega primeiro bebe água limpa".

O hábito do cliente é pedir material sobre o lançamento em questão (tabela de preços, *book* da construtora) e deter o poder de decisão. Com o cliente conduzindo a dinâmica, o consultor perde o controle das etapas, fica sem resposta e, muitas vezes, acaba não fechando a venda. Quando conseguimos trazer o cliente para uma reunião, a dinâmica muda, porque quem passa a conduzir é o corretor. É aí que entra o diferencial: o elemento "eu". O corretor especialista se desconecta do objetivo imediato da venda e foca na educação do cliente. É preciso, então, apresentar o plano de negócios, mostrar o que realmente importa em um produto de rentabilidade, explicar por que esse produto é melhor do que aquele e ensinar o cliente a transitar no mercado de imóveis. Nós não somos caçadores de comissão; nós somos consultores, conselheiros de compra. Então, a meta é fazer com que o cliente entenda que o que nós temos para oferecer é muito valioso.

Esse é um processo educativo, e, uma vez educado com a sua visão, a sua metodologia e o seu treinamento, o cliente jamais vai abrir espaço para outro consultor. Esse cliente, devidamente treinado, não vai comprar com outra pessoa que não seja o professor dele, o profissional que não só lhe vendeu um excelente imóvel como o ensinou de que forma fazer essa e outras aquisições.

Voltando ao ponto anterior, com a lista pronta, a forma como você vai "esquentá-la" impacta diretamente o convite. Fazer um convite a uma pessoa com quem não falo há muito tempo soa estranho. Não posso simplesmente ressurgir na vida de alguém, depois de tanto tempo, chamando-a para conhecer um imóvel. Então, de novo: é preciso manter o relacionamento com a sua lista aquecido.

Além disso, é imprescindível observar os contatos mais fortes. Dê especial atenção àqueles de quem você já ouviu frases como: "Ó, quando tiver uma oportunidade, me avise", "Sempre que aparecer alguma coisa, me mostre" ou "Se você souber de algum produto interessante com essas características, me avise". Esses clientes são as peças-chave da nossa estratégia.

Falando dos convites agora, aqui na Jarvis usamos duas abordagens: direta e indireta. A abordagem indireta é utilizada porque nem todo mundo será convencido a participar de uma reunião sabendo que um produto será apresentado. Ela é pensada para o PCI, cujo maior prazer é ter exclusividade em uma informação, sair na frente do mercado e ser o primeiro; e cuja maior dor é deixar de ganhar dinheiro, deixar passar uma oportunidade.

Quem investe em imóveis faz parte de um público qualificado, majoritariamente composto de pessoas bem-sucedidas profissionalmente e que acreditam que sempre sabem o que estão fazendo, não importa o campo. O mercado imobiliário para investidores é muito desafiador, porque o investidor acredita que sua alta *performance* profissional se aplica também à escolha de um produto imobiliário. Portanto, você não deve simplesmente entregar material para o investidor, porque isso significa deixar com ele a condução da dinâmica — e sabemos que quem tem que conduzir a dinâmica é você. Por isso, insisto que você traga esse cliente para a sua metodologia, para o seu campo de atuação. Você precisa jogar em casa para poder direcionar as ações desse cliente a seu favor, mostrando o caminho a ser seguido.

E a parte difícil vem agora: como gerar o gatilho para que esse cliente saia da sua da sua rotina e vá fazer parte de uma reunião ou de um bate-papo com você. Se você está bem-colocado — tem autoridade, marca e posicionamento —, se é visto como um especialista, tudo fica mais fácil. O cliente vai saber logo que você tem algo muito bom para oferecer. Se os outros ainda não o veem dessa forma, especialmente no próprio âmbito do mercado, as coisas se complicam. Mas essa dificuldade pode ser mitigada pelos gatilhos certos: o da exclusividade na informação e o da curiosidade. Entenda que esses gatilhos são imprescindíveis para que você atinja um bom desempenho.

Veja como o gatilho da curiosidade pode ser decisivo. Certa vez, recebi uma corretora na Jarvis que não havia obtido bons resultados com os convites. Além de não ter mantido sua lista aquecida, ela cometeu o erro de matar a curiosidade dos clientes respondendo às perguntas que surgiram após o convite com muitos detalhes do negócio. Então, na visão do cliente, estando com todos os detalhes do empreendimento em mãos, ir a uma reunião para ouvir as mesmas coisas perdeu o sentido.

Manter a curiosidade do cliente vai lhe dar a chance de apresentar seu plano de negócios à sua maneira, usando todo seu poder e suas estratégias de persuasão para ser ouvido. Afinal, é você que detém todas as informações sobre o produto, e nenhum material, por mais bem-feito que esteja, será mais explicativo do que a sua fala. Você precisa conduzir o cliente à conclusão de que o seu produto é diferente e melhor do que o produto da concorrência. E isso você só consegue ao vivo, estando frente a frente com o cliente.

Além disso, estar numa reunião transmite ao cliente a noção de que aquela informação está sendo apresentada exclusivamente para ele. Um material circula muito rápido e facilmente e para uma gama muito maior de pessoas. O que é dito num encontro ao vivo, não. Frente a frente, o cliente escuta explicações e detalhes sobre o plano de negócios que só você tem e se sente mais à vontade para tirar dúvidas. Você vai vender a sua verdade, e a conversão é muito alta quando isso acontece.

Falando especificamente de números, para você ter uma ideia, a maior conversão que tivemos aqui na Jarvis com anúncios patrocinados foi de 4%, e nós comemoramos muito. O que esse número diz? Diz que, de 100 vendas possíveis, 4 foram fechadas. Na linguagem do mercado: entraram 100 *leads* e 4 saíram. Acontece que um número assim jamais poderia ser festejado.

Depois que passamos a usar a nossa nova metodologia, o percentual de conversão subiu para 77%. De 100 pessoas que vêm para uma reunião na Jarvis, 77 saem com um negócio fechado. Esse número só é alto desse jeito porque o trabalho maior foi feito antes, nas etapas de construção de base, educação, gestão, atualização e aquecimento da lista, além do convite assertivo com gatilhos de exclusividade e curiosidade.

No momento da apresentação, o cliente já saiu de casa, deixou o trabalho e mudou a logística do dia para participar de uma reunião com você, porque não parava de pensar: "O que é que esse cara tem de tão importante para me apresentar que ele não pode simplesmente me mandar por WhatsApp? Deve ser algo muito diferenciado mesmo". Se chegou a esse ponto, esse cliente já "comprou a sua briga", já confia em você e na empresa. E como a dor dele é deixar passar uma oportunidade, o negócio está praticamente fechado.

Seguindo com a abordagem direta, ao fazer o convite, tente primeiro pelo telefone. Sei que temos o WhatsApp e que as pessoas querem falar com outras pessoas diretamente cada vez menos, preferindo a comunicação digital, mas, ainda assim, tente a ligação. Falar ao vivo é extremamente importante, porque você "sente" a voz do seu interlocutor e interpreta o que ele está falando; portanto, a comunicação é mais rápida e assertiva. O WhatsApp só deve ser usado se você realmente não conseguir falar com o cliente de jeito nenhum. Mas lembre-se de que o aplicativo não proporciona uma comunicação tão direta, pois existe o tempo entre visualizar e responder uma mensagem. Se esse tempo for longo, o contato esfria. Já ao vivo, pelo telefone, você consegue envolver seu cliente, pois tem acesso imediato às reações dele ao que você está dizendo.

Para gerar o gatilho de exclusividade, sempre faça um convite de forma breve, como se estivesse com muita pressa e precisasse desligar logo. Quanto mais tempo você ficar no telefone, mais espaço o cliente terá para pedir detalhes e informações. Seja breve e direto. Eu, por exemplo, sempre gosto de dizer que estou saindo de uma reunião, que acabei de receber a informação e que ela está "quentinha", saindo do forno. Além da exclusividade, é necessário usar também o gatilho de urgência. Isso significa não deixar o cliente "solto" para vir ao seu encontro apenas quando quiser. Não se deve perder tempo com abordagens que não vão dar em nada; por isso, você precisa passar para esse cliente a ideia de que, se ele não vier logo, perderá uma excelente oportunidade.

Veja este exemplo de convite: "Estou com um empreendimento que será lançado pela Jarvis, com preços e condições de pagamento totalmente diferentes dos praticados no mercado. Acontece que a construtora liberou apenas dez unidades nesse valor. Tenho certeza de que esse imóvel vai fazer sentido para você. Não consigo entrar em detalhes agora, mas podemos marcar para sexta-feira às 15h". Fui extremamente direto; porém, essa abordagem é indicada para clientes com quem você já tem esse tipo de abertura e que vêm sendo aquecidos na sua lista.

Uma variação do exemplo anterior pode ser: "Olha, acabei de sair de uma reunião. Tem um empreendimento que vai ser lançado pela construtora X, mas ela liberou apenas algumas unidades nesse valor. São condições de fluxo de pagamento e preço totalmente diferentes das do mercado, e eu sei que isso vai voar. Não consigo entrar em detalhes agora, mas você teria agenda na sexta-feira, às 15h, para eu poder apresentar esse lançamento?"; "Você tem material?"; "Não, não tenho nada, isso aqui vai voar, a construtora acabou de falar com os corretores. Os trabalhos já começaram, e temos muitos clientes prontos para comprar". Aqui, além dos gatilhos de exclusividade e de urgência, entra ainda o da escassez.

Convidar os clientes que já chegaram a pedir para serem avisados sobre as novidades é até mais simples: "Lembra que você tinha comentado comigo que estava buscando uma oportunidade para rentabilizar?", ou "Lembra que você falou comigo que estava querendo uma oportunidade para locação/para fazer renda/para revenda?" (a depender do perfil do seu cliente), ou ainda "Lembra que você tinha comentado comigo que estava buscando uma oportunidade para rentabilizar? Pois acabei de sair de uma reunião aqui na Jarvis e fiquei sabendo de um produto que se encaixa perfeitamente no que você pediu. Eles estão guardando essa informação a sete chaves. O problema é que são poucas unidades, e vão voar. Eles não liberaram o material, mas consegui uma agenda para amanhã, às 15h. Você consegue vir?".

Note que você deve trazer o cliente para o seu campo. Não vá até ele para conversar nem para fazer a apresentação do lançamento. O ideal é que ele vá até você ou até a construtora, porque, ao sair da zona de conforto, do próprio campo, o cliente já demonstra que comprou sua ideia. Então, organize sua apresentação de forma lógica, com base em números, considerando que estamos tratando de investimentos, e conduza o cliente ao fechamento do negócio.

Na abordagem direta, se você ofereceu logo um empreendimento ao cliente, na abordagem indireta você vai pedir a opinião dele sobre um lançamento. Nesse caso, listo alguns clientes e faço os contatos elogiando o perfil deles: "Estou participando do desenvolvimento de um empreendimento com produtos compactos e pensei em perguntar a você, que sei que domina muito desse mercado e tem vários imóveis [ou que é um *heavy user* de apartamentos alugados por curtos períodos e que está sempre viajando], e é uma pessoa em cuja visão confio muito: o que você acha que um imóvel como esse deveria ter? Quais são os serviços mais importantes, por exemplo, que não podem faltar de jeito nenhum?" Essa consulta faz o cliente se sentir num nível superior, pois ele se vê reconhecido. Automaticamente, essa percepção gera um sentimento de retribuição, no sentido de não deixar você na mão. Então, esse cliente vai, de fato, dar a visão dele, entregando informações por vezes extremamente valiosas.

Desenvolvemos um produto na Jarvis cuja estratégia de vendas foi toda baseada na abordagem indireta de uma lista de clientes que são ou grandes locadores ou grandes locatários de apartamentos por temporada. Levei para o empreendimento a visão que eles me entregaram. Depois da consulta, passei aos *feedbacks*: "Lembra daquele empreendimento para o qual pedi sua ajuda? Consegui colocar o miniauditório que você sugeriu", ou "Lembra daquela lavanderia profissional que você comentou ser interessante? Consegui incluí-la no projeto final". A partir disso, simplesmente fui coletando os pedidos. Tive clientes que chegaram a reservar duas unidades de uma vez. Vendemos 200 unidades em cerca de 45 dias, fazendo reuniões sem o mercado ao menos saber desse produto. E os primeiros compradores foram justamente esses clientes da lista consultada, porque eles se sentiram parte do processo.

Se você não participa do desenvolvimento dos produtos, use a abordagem direta, ainda que pedindo opinião: "Sr. Fulano, sei que o senhor é muito bem-informado sobre investimentos, tem vários apartamentos e sabe identificar um bom produto. Estou iniciando um trabalho com um empreendimento sensacional e queria muito a sua opinião para saber se realmente vale a pena eu colocar meu esforço e meus clientes nesse negócio. A sua opinião é extremamente valiosa". Esse cliente jamais vai lhe dizer um não, porque você está pedindo ajuda. Então, você vai apresentar o produto como se não quisesse que ele comprasse. Será uma apresentação sem compromisso, apenas para ouvir a opinião dele. Acontece que uma boa apresentação, para qualquer que seja o fim, é aquela que entrega o conteúdo completo — com argumento de venda, números, conceito e informações exclusivas de um produto que ainda não foi para o mercado. Consequentemente, esse cliente qualificado vai fazer perguntas. Quando ele começar a querer saber sobre sinal e formas de pagamento, por exemplo, você pode considerar o apartamento vendido e avançar, direcionando a conversa para o fechamento do negócio.

Essa talvez seja a abordagem que mais funciona na Jarvis. Trazemos muitos clientes para coletar opiniões e fazemos esses clientes se sentirem como se fossem nossos mestres, nossos professores. Imagine que você é um corretor que já alcançou determinado nível de posicionamento de marca e ainda assim pede opinião. O cliente chega a estranhar: "Nossa, aquele corretor que é especialista está pedindo minha opinião?". Mas é um estranhamento positivo, porque esse cliente já está engajado no produto que você apresentou.

Esse é um trabalho ao mesmo tempo duro e artesanal, mas, se voltarmos àqueles números de conversão de 4% com anúncios patrocinados contra 77% da base de clientes, a discussão acaba. E essa é a prova de que a estratégia que trago para você neste capítulo está indo na contramão do senso comum. Portanto, esse também é um trabalho de desconstrução. É muito difícil argumentar com o cliente que já pede logo o material, que está acostumado a ter uma tabela na mão e, de repente, ouve que você não tem nada disso para oferecer, mas que gostaria de marcar uma reunião. Então, se você não for resiliente e não se mantiver firme na estratégia, não vai conseguir.

Entenda que essa estratégia já foi validada. Testamos com produtos para investimento, para moradia e também com lotes — e funcionou muito bem em todas as tipologias. Em um caso de loteamento, por exemplo, nossa estratégia nos ajudou a fechar 65 lotes em apenas dez dias.

A lei da atração diz que não se deve duvidar, então não duvide de que a nossa estratégia funciona, porque estamos utilizando e validando essa abordagem na Jarvis há dois anos. Lembre-se apenas de que funcionar não significa ser fácil. Os "nãos" ainda vão existir, você não terá sucesso em todas as tentativas de venda e vai aprender muito nesse processo. Mas, depois que ajustar o método, a abordagem para o convite, a entrega da informação, seu posicionamento e a apresentação do produto, seu nível de conversão vai aumentar exponencialmente, e você não vai querer trabalhar de outra maneira quando se tratar de um lançamento.

Fazer a apresentação e fechar negócio

A essa altura, você montou e esquentou sua lista, os clientes selecionados foram contatados, os convites foram enviados e aqueles com resposta positiva foram confirmados. Chegou o momento do seu *show*, de você encantar o cliente com o seu produto. É hora de fazer a apresentação e, para obter sucesso, será preciso colocar os elementos na ordem correta: "eu", "o produto" e "a empresa". Então, você deve seguir esse roteiro na sua apresentação. Primeiro, deve explorar o "eu", ou seja, deve fazer o cliente entender como você trabalha, como entrega resultados e o que está oferecendo em termos de consultoria profissional. Depois, passe ao produto e fale sobre os seis pilares. Por último, fale da empresa, de como ela trabalha e de sua relevância no mercado, a fim de encaminhar a conversa para o fechamento do negócio.

Esse é o roteiro ideal, mas, quando se trata de um lançamento, muitas vezes a empresa tem um peso maior do que você como profissional. A construtora precisa ser confiável, pois seu cliente manterá um relacionamento saudável com ela que pode durar até cinco anos. Por isso, você precisa garantir que seu cliente se sinta seguro e confortável no fechamento do negócio. A fim de que isso aconteça, contorne qualquer eventual objeção ao perfil da construtora logo no início da apresentação. Aqui, você deve explorar bastante a questão da segurança jurídica, que é justamente o primeiro pilar abordado no Capítulo 3.

Na Jarvis, nós montamos nossas apresentações internamente, mas você pode contratar um *designer* para essa tarefa. O importante é seguir o roteiro, que vai conduzir o cliente por uma linha de raciocínio lógica. No caso de lançamentos, a segurança jurídica da construtora — elemento "empresa"

— deve abrir a apresentação. Em seguida, fale do profissional que você é, de como você trabalha — é o elemento "eu". Finalmente, você vai chegar ao terceiro elemento, o "produto", enquanto guia o cliente pela matemática do negócio falando do pilar do fluxo de pagamento.

Uma apresentação coesa e coerente segue a ordem dos elementos à risca, com início, meio e fim da argumentação. Assim, o cliente raciocina com você, sem que você precise ficar indo e voltando nas informações para elucidá-lo. Quando começar a falar de um dos elementos, fique atento ao conteúdo e só encerre esse elemento depois que todos os assuntos pertinentes tenham se esgotado.

A seguir, vou descrever uma apresentação nossa para servir de exemplo.

Figura 18 - Abertura de uma apresentação de lançamento.

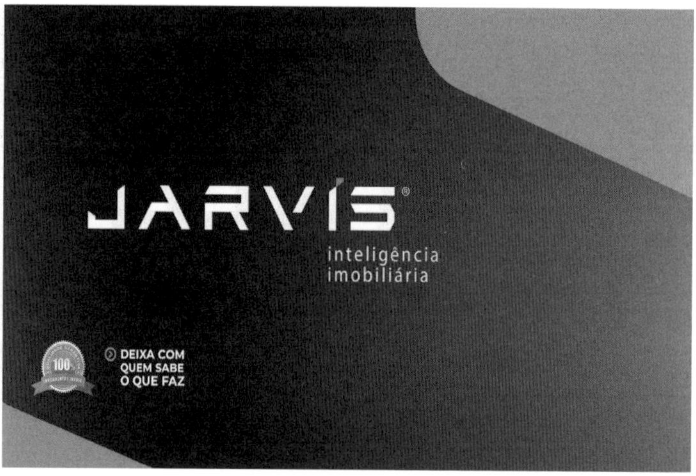

Fonte: Elaborada pelo autor.

Note, pela Figura 18, que a primeira parte da apresentação é sempre sobre mim e meu perfil de corretor. No meu caso, isso significa falar da Jarvis. Então, é nesse momento que explico sobre trabalhar apenas com produtos assertivos, baseados nos seis pilares da alta *performance* — produtos desenvolvidos e escolhidos sob o ponto de vista de segurança jurídica, ciclo de lançamento, fluxo de pagamento, conceito de produto, gestão e valorização + fruição. Em outras palavras, demonstro a minha visão do negócio imobiliário, que é também a visão da Jarvis.

Figura 19 – Parte dois da apresentação: a construtora.

Fonte: Elaborada pelo autor.

A segunda parte trata da construtora (Figura 19). Nesse momento, apresentamos os números e dados relevantes da empresa responsável pelo produto: reputação, tempo de mercado, número de empreendimentos entregues e de clientes atendidos. Destaco a questão do patrimônio de afetação. Em mercados menores, como o meu aqui em Maceió, pode ser mais fácil defender uma construtora com muitos anos de atuação no mercado, já que empresas assim se tornam conhecidas rapidamente. Mas, para quebrar objeções em outras praças, você pode explorar a postura da construtora. Postura é igual a solidez, e solidez faz a diferença para o cliente, porque indica que o negócio é sério, que a empresa é idônea e que ele não vai ficar na mão.

Figura 20 – Construtora + produto.

Fonte: Elaborada pelo autor.

Ainda no elemento "empresa", mas já fazendo a transição para o "produto", mostro os últimos empreendimentos da construtora (Figura 20). Pode acontecer de o cliente já ter ouvido falar da empresa, mas não associar imediatamente a marca ao imóvel. Mostrar exemplos dos últimos prédios, de condomínios que sejam referência, ou que sejam considerados *cases* de sucesso, ajuda a refrescar a memória desse cliente, que vai passar a ter a construtora em questão em alta conta. Portanto, lembre-se sempre de inserir na apresentação os principais empreendimentos da empresa com a qual estiver trabalhando.

Figura 21 – O produto e o conceito.

Fonte: Elaborada pelo autor.

Agora, sim, entramos no elemento "produto" (Figura 21). No exemplo apresentado, o imóvel faz parte de uma linha com perfil e conceito bem definidos, voltados à rentabilidade. Nesse momento, você deve explorar o quarto pilar: o conceito. O produto já foi pensado para locação, voltado a clientes que querem comprar para rentabilizar. Então, não há o risco de mudar tudo no futuro e da sua gestão ser malfeita porque o condomínio proibiu algo. Um conceito bem definido e bem explicado na apresentação não deixa margem para dúvidas e transmite segurança para o cliente.

Figura 22 - Pesquisa com os clientes.

Fonte: Elaborada pelo autor.

Neste exemplo específico, acrescentei à apresentação uma pesquisa feita com os clientes (Figura 22), a fim de mostrar que o produto está sendo desenvolvido levando em consideração o outro lado, ouvindo as pessoas que utilizam esse tipo de imóvel e entendendo o que faz sentido para elas. Serviços? Piscina? Área *gourmet*? Academia? Incluir o histórico dessa pesquisa reforça, na percepção do cliente, que o produto é personalizado e alinhado aos desejos do público-alvo — ou seja, trata-se de um produto diferenciado.

Figura 23 - Localização do produto.

Fonte: Elaborada pelo autor.

Depois de falar da personalização, chego ao elemento fundamental de um produto de rentabilidade: a localização (Figura 23). O *timing* pode ser perfeito, mas, se a localização não for boa para esse tipo de produto, seu trabalho será muito dificultado. Se o imóvel não estiver em uma área estratégica, não há *performance*. Por isso, costumo destacar bastante a localização nas apresentações, descrevendo suas principais características (Figura 24). Cito dados como distância da praia, proximidade de *shoppings* ou centros de comércio, vizinhança com regiões de bares e restaurantes etc. Também indico atividades que o futuro hóspede poderá fazer dentro de um raio de um quilômetro.

Figura 24 – Detalhes da localização.

Fonte: Elaborada pelo autor.

Normalmente, um investidor experiente toma a decisão de compra baseado na localização, mas é importante que constem na apresentação algumas informações essenciais, como metragem, quantidade de quartos, facilidades, serviços, uma imagem do prédio e uma imagem da fachada.

Figura 25 – Imagem da planta decorada.

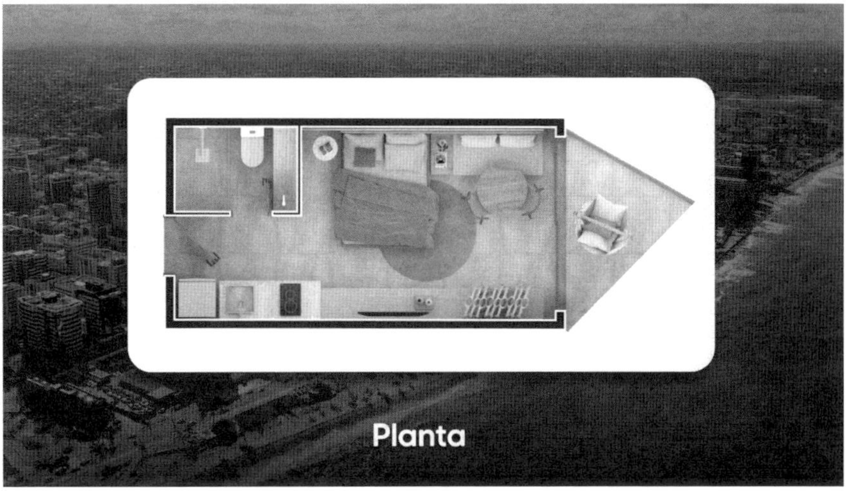

Fonte: Elaborada pelo autor.

A planta decorada (Figura 25) também é um recurso visualmente interessante para estar na apresentação.

Figura 26 – Planta baixa de um andar de apartamentos.

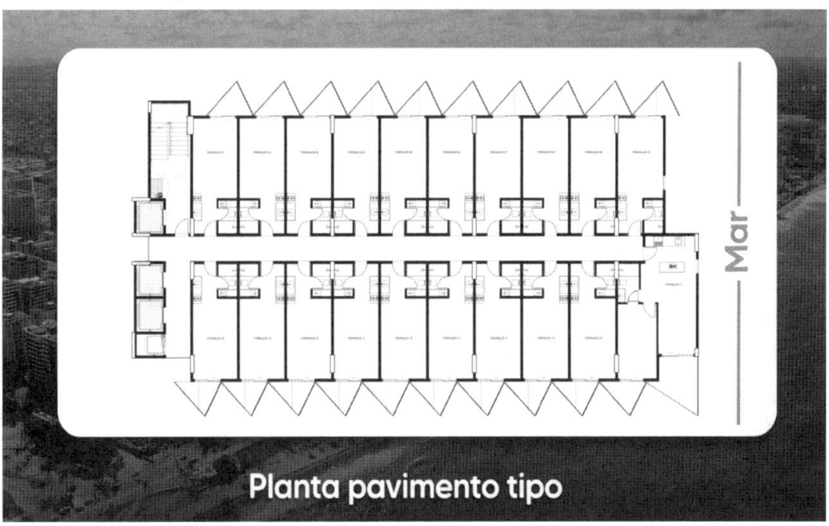

Fonte: Acervo do autor.

Bem como a planta baixa de um pavimento tipo (Figura 26), que mostre a disposição das unidades em um andar padrão.

Figura 27 – Resumo dos diferenciais do produto.

Fonte: Elaborada pelo autor.

A partir dessas características já esmiuçadas, montamos uma página com o resumo dos diferenciais (Figura 27): localização, conceito, se pertence a uma linha específica de produtos — e qual —, se a gama de serviços incluídos é variada, se haverá lojas no térreo e se haverá gestão do empreendimento para garantir que o imóvel seja operacionalizado da forma correta. Mesmo que seu cliente opte por não usar os serviços de gestão já incluídos, as áreas comuns, por exemplo, serão utilizadas da maneira certa, conforme definido pelo conceito do produto.

Figura 28 – Imagens das vistas do imóvel.

Fonte: Elaborada pelo autor.

É também uma prática recomendada inserir imagens das vistas na apresentação (Figura 28). Em uma praça de região litorânea, essa informação faz diferença, porque as construtoras oferecem desbalanceamento na tabela de acordo com a vista. Unidades com vista para o mar têm valor bem mais alto; unidades com vista para os fundos, consequentemente, são mais baratas. Imagens das vistas dão ao cliente a percepção exata do que ele está comprando e por quê. A vista, por exemplo, pode influenciar na diária que seu cliente vai cobrar dos hóspedes. Então, também é bom que você tenha essa conta feita, a fim de contribuir com a avaliação desse cliente sobre o investimento no produto apresentado.

No fim, acabo investindo junto com meus clientes em todos os lançamentos da Jarvis. São poucos, porque nosso planejamento é lançar no máximo seis produtos por ano. Tenho a opção de compra pela pessoa física ou pela pessoa jurídica — essa é uma forma de mostrar ao cliente que o investimento é seguro. Calculadamente, sempre compro a unidade mais barata, independentemente da vista. Como meu objetivo é rentabilizar, a vista não compensa o valor da diária, que acompanha a proporcionalidade na tabela. Na minha percepção, a unidade mais barata vale mais a pena, porque usufrui dos mesmos serviços e da mesma localização da unidade mais cara. O ambiente é o mesmo, mas, como investidor, posso optar por um enxoval de melhor qualidade,

Figura 29 – Valorização da cidade: turismo.

Fonte: Elaborada pelo autor.

por exemplo, e fazer uma gestão bem elaborada no sentido de valorizar mais as dependências do imóvel do que a vista.

Aproveito a apresentação também para valorizar o turismo da minha praça (Figura 29). Maceió vem crescendo em termos de ocupação hoteleira, serviços e investimentos. Nessa terceira década do século XXI, o turismo da cidade está vivendo um momento de ouro, e considero importante usar esse argumento da praça em ascensão como reforço para a tomada de decisão do cliente investidor.

Nos próximos *slides*, começo a tratar de questões mais práticas do investimento e apresento um estudo de rentabilidade. Empresas de gestão costumam ter esses estudos prontos; então, é interessante contar com parceiros desse perfil no seu produto. No entanto, também é possível fazer a pesquisa de rentabilidade por conta própria em portais como Booking.com e Airbnb. Com base nas informações disponibilizadas por esses *players*, você pode coletar valores de diária e taxas de ocupação, além de identificar a concorrência, por exemplo. Mas atenção: não confie 100% nos dados fornecidos por apenas uma ou duas empresas. Faça uma busca real, ampliando a pesquisa para entender melhor o mercado.

Figura 30 – Estudo de rentabilidade.

Fonte: Elaborada pelo autor.

Seguindo o exemplo que estou usando, o estudo de rentabilidade de um produto de 400 mil reais indica um gasto total de 450 mil, sendo 50 mil destinados à mobília (Figura 30). Nas colunas estão dispostos: valor da diária, taxa de ocupação, faturamento, custos operacionais do imóvel e o valor líquido que será gerado. Esse estudo deve ser apresentado ao cliente antes da tabela de preços. Quando apresentados fora de contexto, os valores da tabela podem parecer altos à primeira vista. Por isso, o estudo de rentabilidade deve vir primeiro, justamente para relativizar o valor do imóvel a partir dos argumentos de venda que você trabalhou tão arduamente para construir. Toda a apresentação, até esse ponto, teve como objetivo alinhar o cliente à realidade do mercado, de forma que ele tenha um balizador e não se surpreenda negativamente com o valor absoluto do produto.

Para finalizar, depois do estudo de rentabilidade, criei o hábito de apresentar a conta que ninguém faz (Figura 31). A prática mais comum é analisar o mercado imobiliário avaliando o valor total dos bens, quando, na verdade, a base dessa análise deve ser o valor do desembolso do seu cliente. Veja: no mercado financeiro, uma ação valoriza de acordo com o que o comprador desembolsou; já no mercado imobiliário, um apartamento de 400 mil reais pode chegar a valer

Figura 31 – A conta que ninguém faz.

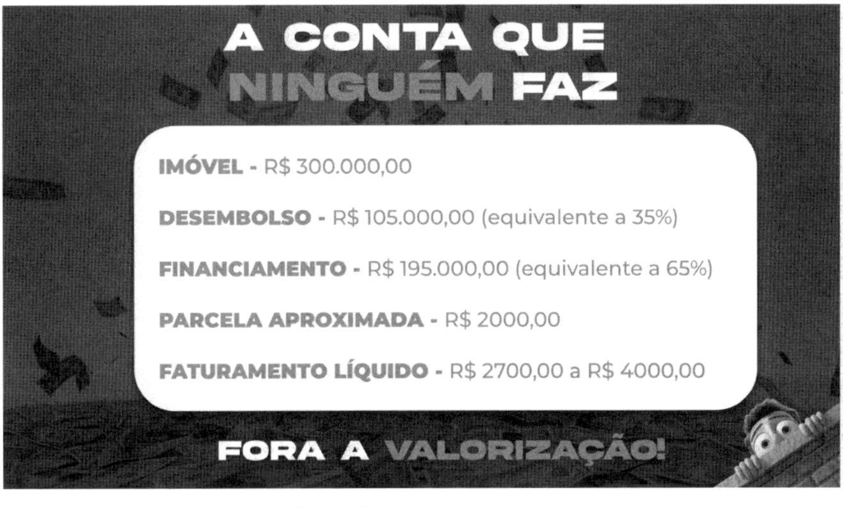

Fonte: Elaborada pelo autor.

600 mil, sugerindo uma valorização de 50%. Mas, se apenas 100 mil reais foram pagos, o imóvel não valorizou 50%, e sim três vezes mais com base no desembolso do comprador. Se o investimento no imóvel de 400 mil reais foi de 100 mil, e esse imóvel foi revendido por 600 mil, voltam os 100 mil pagos + os 200 mil de lucro, totalizando 300 mil reais. Ou seja, o capital foi triplicado. Essa é a conta que ninguém faz. Para relembrar esse raciocínio, volte ao pilar de fluxo de pagamento, no Capítulo 3.

O estudo de rentabilidade mostra que esse imóvel dará um retorno de 3.700 ou 4 mil reais, a depender se for administrado de forma conservadora ou agressiva. Considerando uma parcela de 2.600 reais, o rendimento líquido é de 3.600 reais. Isso significa que o imóvel está se pagando e retornando o capital inicialmente investido. A conclusão a que se chega é que esse investimento é excelente. A alavancagem patrimonial é feita com um pequeno desembolso durante a obra e com a consequente valorização do período, o que vai favorecer o retorno do capital investido quando as parcelas do financiamento começarem a ser pagas. Esse é o mote do pilar de valorização + fruição.

É importante que você entenda o que significa todo o trabalho realizado. Apresentar um produto que atenda aos seis pilares é o mesmo que educar o cliente, algo que ninguém faz. Demonstrou-se o que é importante num produto de rentabilidade, o nível de segurança necessário e a conta certa que precisa ser feita.

Nessa etapa, o cliente está altamente qualificado e o próximo passo é apenas escolher uma unidade. Essa é a deixa para apresentar o estudo dos concorrentes (Figura 32). Mostro o estudo, chamo a atenção para o preço de mercado e, então, abro a tabela do empreendimento.

Figura 32 – Estudo da concorrência.

CONCORRENTES NUIT BLANCHE	UNIDADES DISPONÍVEIS	PREÇO DO M²	FLUXO DE PAGAMENTO
SMART STAY VIEW	R$00,00	R$00,00	R$00,00
LUCARINI	R$00,00	R$00,00	R$00,00
SALAMANCA	R$00,00	R$00,00	R$00,00
TREND	R$00,00	R$00,00	R$00,00
NEXT	R$00,00	R$00,00	R$00,00
BOX STUDIO	R$00,00	R$00,00	R$00,00
WISE	R$00,00	R$00,00	R$00,00
CONCEPT	R$00,00	R$00,00	R$00,00

Fonte: Elaborada pelo autor.

Com essa estratégia, seguindo o roteiro deste capítulo, alcançamos, na Jarvis, uma média de 77% de conversão nos nossos últimos lançamentos.

No entanto, pode ser que o cliente saia da reunião e não feche negócio. Pode ser que ele queira falar com a esposa, por exemplo, ou buscar alguma outra opinião. O que fazer nesse momento? Manter a chama acesa, manter o cliente ativo. Às vezes, o cliente precisa de mais oportunidades de contato com o empreendimento, com a construtora, para que possa se decidir. Agora, suas habilidades serão mais que necessárias. Depois da apresentação, mantenha esse cliente informado, puxando algum assunto leve ou mandando algum material que reforce o que foi dito na sua apresentação.

6

MODELOS DE CONTEÚDO PARA PROSPECÇÃO DE *LEADS*

O objetivo deste capítulo é colocar em prática o conhecimento adquirido até aqui. Para isso, vou esmiuçar alguns materiais que preparamos na Jarvis para prospectar *leads* nas redes sociais. Você verá que são conteúdos simples, sem muita elaboração, justamente porque o importante é fazer. Mesmo que diga que esses materiais não correspondem à sua realidade, com o detalhamento que vou apresentar será possível fazer as adaptações que julgar necessárias. Vale a pena ser mais otimista, porque essa é uma estratégia de alta conversão que foi teorizada e validada. Você só verá aquilo que realmente funcionou para o nosso trabalho.

Lembrando agora a premissa deste livro, a missão do corretor de imóveis é capturar, criar uma base estruturada e nutrir os clientes a fim de trabalhá-los ao longo de todo o processo de lançamento. Esses investidores devem atender ao perfil de cliente ideal (PCI) previamente definido e cujo gatilho de ativação é a exclusividade na informação. Nesse sentido, aqui na Jarvis temos mais facilidade porque desenvolvemos alguns produtos junto às construtoras, o que nos garante acesso privilegiado às informações.

Antes de implementar esse formato, eu tinha alguns parceiros, construtoras com as quais eu tinha mais proximidade e de quem eu coletava as informações. Veja, buscar se aproximar de uma construtora com a qual você se identifica vai facilitar seu acesso a informações privilegiadas, como datas de lançamento de produtos, estimativas de preços, condições e possíveis ajustes, entre outras. As construtoras também estão em busca do seu time de elite, pois o próximo ciclo pelo qual vamos passar no mercado é o de recessão. Nesse contexto, o que realmente importa para os *players* é saber com quem contar nos momentos mais desafiadores. Por isso, fique atento: as construtoras já estão se movimentando para ter esse time montado antes da recessão chegar. Já estão promovendo treinamentos, encontros em cafés da manhã e oferecendo clubes de bonificação. Não desperdice a chance de se posicionar bem no mercado, ao lado de uma grande construtora, para alcançar alta *performance*.

Conteúdo estático

Este primeiro conteúdo é do tipo estático, simples de produzir e utilizar. O exemplo que trago foi postado nas redes da Jarvis no final de 2023, quando a SELIC caiu para 12,25%. Naquele período, o mercado começou a compartilhar ininterruptamente informações sobre a queda da taxa. Acontece que, na outra ponta, existe um cliente que muitas vezes não sabe o que isso significa nem como impacta os negócios dele. Minha percepção é que as pessoas estão muito preocupadas em compartilhar notícias, mas pouco preocupadas em interpretá-las e de fato explicar ao cliente como isso pode afetar a vida dele. Então, nossa estratégia diante de notícias, dados e informações que impactam o mercado imobiliário é traduzir tudo isso para a linguagem do nosso cliente.

Seguindo esse raciocínio, postamos esta sequência de *cards*:

***Card* 1:** consequência da informação (Figura 33). O impacto da queda da SELIC nos investimentos. Falamos dos principais: Poupança, CDB, Tesouro SELIC e LCI.

Figura 33 – *Card* 1 sobre a queda da SELIC em 2023.

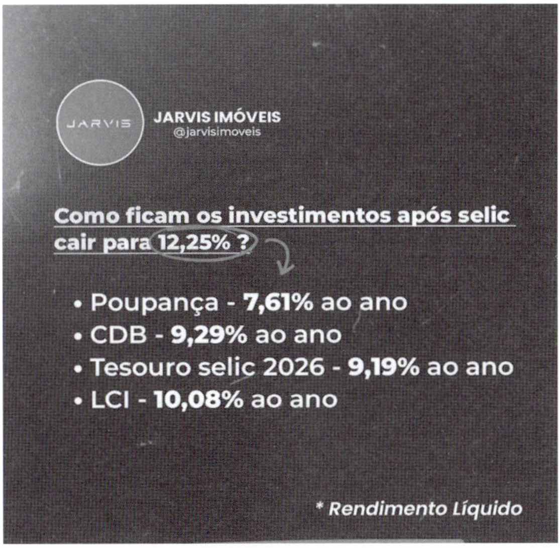

Fonte: Elaborada pelo autor.

***Card* 2:** consequência da informação (Figura 34). Valorização dos imóveis. Fizemos um comparativo para calcular a média anual da SELIC em relação ao desempenho do mercado imobiliário.

Figura 34 – *Card* 2 sobre a queda da SELIC em 2023.

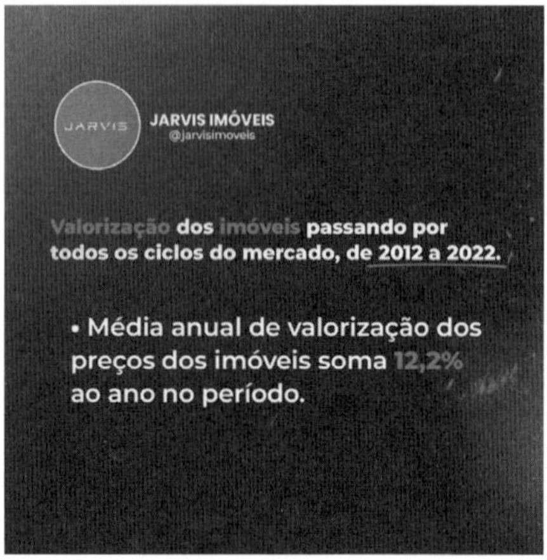

Fonte: Elaborada pelo autor.

***Card* 3:** estudo com base na informação (Figura 35). Previsão da SELIC para 2024. Apresentamos um valor estimado para o ano seguinte e explicamos o que esse cenário poderia representar para o mercado.

Figura 35 – *Card* 3 sobre a queda da SELIC em 2023.

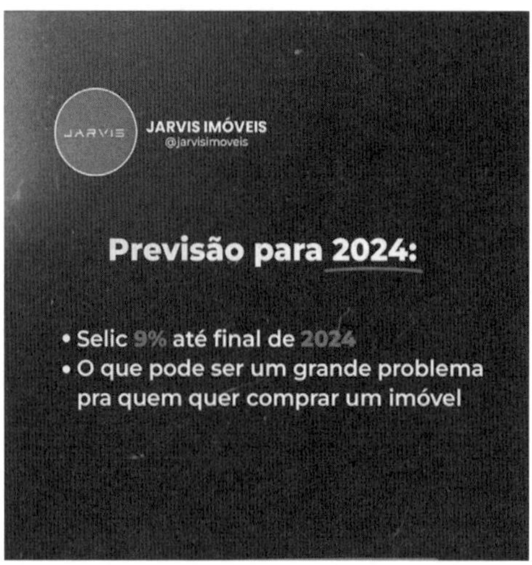

Fonte: Elaborada pelo autor.

***Card* 4:** tradução da informação (Figura 36). O impacto da queda da SELIC no mercado imobiliário. Aqui, finalmente mostramos o que essa queda representa na prática: o dinheiro sai da renda fixa em direção aos imóveis; o crédito imobiliário se torna mais acessível; os imóveis se valorizam, impulsionados pelo aumento da procura e do poder de compra das pessoas.

Figura 36 – *Card* 4 sobre a queda da SELIC em 2023.

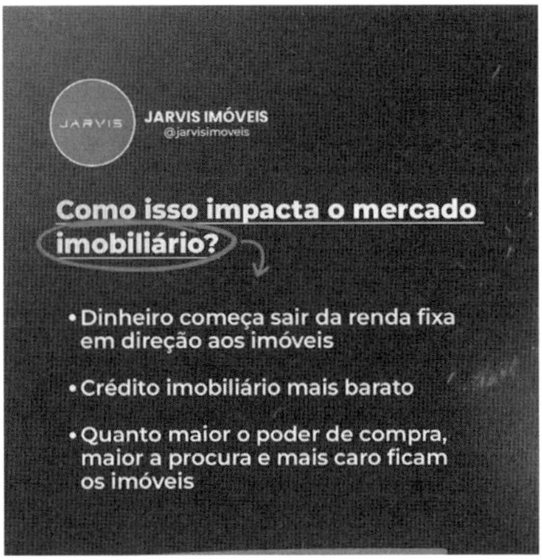

Fonte: Elaborada pelo autor.

***Card* 5:** conquista do cliente (Figura 37). Usamos uma afirmação forte e provocativa, com o objetivo de gerar reflexão no cliente e reforçar a importância de agir estrategicamente diante do cenário apresentado.

Figura 37 – *Card* 5 sobre a queda da SELIC em 2023.

Fonte: Elaborada pelo autor.

***Cards* 6, 7 e 8:** conquista do cliente (Figura 38). Apresentação do nosso trabalho. Esses últimos *cards* apresentam o trabalho da Jarvis e funcionam como um convite para que o cliente faça parte de um seleto grupo de investidores que recebem em primeira mão notícias sobre os próximos empreendimentos com maior potencial de valorização e rentabilidade. Encerramos a sequência com um botão "Saiba mais" e um campo para cadastro, incentivando a ação imediata.

Figura 38 – *Cards* 6, 7 e 8 sobre a queda da SELIC em 2023.

Fonte: Elaborada pelo autor.

Esse carrossel não tem mistério, mas tem estratégia para você se diferenciar da concorrência e sair na frente em termos de visibilidade e preferência dos clientes. A estrutura é simples, mas poderosa: começo com a informação impactante, interpreto essa informação, apresento a solução dentro do mercado imobiliário, mostro minha forma de trabalho e, por fim, convido o cliente a receber dados exclusivos de forma gratuita. Com essa base, você pode montar vários *posts*, adaptando o conteúdo de acordo com as suas possibilidades e a realidade do seu público.

Vídeos

Particularmente, gosto mais de usar vídeos, pois esse formato gera mais engajamento nas redes sociais. Por meio do vídeo, você consegue trazer o cliente para o seu universo, fortalecendo sua imagem como especialista. O conteúdo estático é mais padronizado e não tem tanto poder de diferenciar você de outros corretores em termos de imagem. Quando vê sua figura em um vídeo, o cliente associa você mais facilmente a um especialista. Além disso, com um vídeo, é possível transmitir melhor o conceito do produto.

O exemplo a seguir é da Smart Stay, uma linha de produtos voltada para rentabilidade; portanto, destinada exclusivamente à locação por temporada. O texto que eu recito trata dessa linha de produtos e seus conceitos; não há oferta direta. A estratégia é, novamente, apenas fazer um convite ao cliente para participar de uma lista a fim de receber, em primeira mão, notícias sobre os próximos lançamento da linha Smart Stay. Lembre-se: o investidor é o caçador da primeira tabela. Ele quer ter acesso à informação privilegiada para sair na frente e ter a sensação de que chegou antes de todo mundo, antes do mercado, e que ganhou com isso. O vídeo é simples, com pouca edição. Para ilustrar, usamos imagens da praia acompanhadas de algumas informações sobre o conceito do empreendimento ao longo do vídeo. Confira o que o que eu digo nele:

> Você já percebeu a quantidade de apartamentos *studio* e quarto e sala que tem em Maceió? Será que essa coisa

> de aluguel por temporada realmente vale a pena? Eu sou Lauro Braga, diretor da Jarvis Inteligência Imobiliária, uma empresa que nasceu para trabalhar com produtos de alta *performance*. Eu posso te garantir, esse é um excelente investimento, porém apenas alguns empreendimentos vão gerar a alta rentabilidade que vai trazer essa alta *performance*. E é sobre isso que eu quero conversar com você aqui. Não basta o imóvel ser bem localizado. Para ganhar dinheiro com locação por temporada, você precisa oferecer uma experiência prática, moderna, repleta de serviços e lazer. Empreendimentos que nascem com esse conceito são muito mais procurados e valorizados, o que garante o teu retorno mais rápido e seguro. Sendo assim, temos o lançamento da linha Smart Stay, uma linha de empreendimentos com o conceito de hospedagem inteligente agregada a uma localização estratégica. Se você quer saber quais são os próximos três empreendimentos dessa linha Smart Stay, eu vou te avisar em primeira mão. É só você clicar aqui no "saiba mais" (Braga, 2023a).

Esse exemplo foi usado para conquistar o cliente, para colocá-lo na nossa base. Quando esse cliente já está pronto para ser impactado com ofertas, produzo um vídeo direcionado.

O vídeo direcionado é o tipo de material que encaminhamos para a nossa lista em todos os lançamentos. Faço questão de destacar que ele não verá anúncios patrocinados, que esse material não estará disponível nas redes sociais e que ele está recebendo esse vídeo exclusivamente por fazer parte da lista de clientes da Jarvis.

Às vezes, não temos muito tempo, pois tudo acontece muito rapidamente e precisamos obter retorno em, digamos, 30 dias. Quanto mais rápido eu conseguir produzir e enviar os vídeos para impactar minha base, maior será o meu retorno. Houve um caso em que a pressa era tanta que precisamos gravar dois vídeos no mesmo dia, para dois lançamentos diferentes, e eu nem cheguei a trocar de roupa! Usamos imagens de drones e optamos por uma edição mais simples. No final, conseguimos um material padrão que aparece comumente nas redes sociais. A seguir, observe o texto de um desses vídeos.

> Se você está vendo esse vídeo, é porque você faz parte de um seleto grupo de clientes da Jarvis. Esse vídeo não vai ser patrocinado, não vai ser publicado em rede social,

> é só para te informar em primeira mão do nosso próximo lançamento: o edifício Humberto Baltar. Estou aqui na Durval Guimarães, pertinho da igreja São Pedro, uma das localizações mais privilegiadas da Ponta Verde, e, como de costume, os clientes da casa poderão ter acesso a todas as informações do empreendimento antes mesmo do mercado. Esse empreendimento só vai ser lançado no final do ano. Mas a partir de agora, você, cliente Jarvis, terá condições e preços totalmente exclusivos. (Braga, 2023b).

Os *feedbacks* que recebo de materiais como esse são os melhores possíveis e me dão a chance de trazer o cliente para a nossa casa, para assistir à apresentação do plano de negócios.

Além dos vídeos, o *e-mail marketing* é uma ferramenta muito importante, por exemplo, para trabalhar os pilares da alta *performance*, falar sobre as práticas erradas de mercado e trazer o cliente para a realidade do negócio de imóveis para locação. Você pode dividir esse conteúdo denso em materiais menores e mais apelativos, mas sempre seguindo e respeitando o perfil de cada um, de cada corretor.

Eu tenho um perfil mais polêmico, gosto de mostrar abertamente o que o mercado está fazendo de errado. Uso minhas redes sociais com muita verdade e não me eximo de falar de política ou de qualquer outro tema. Tenho minha visão e procuro compartilhá-la com meu público porque isso traz autenticidade para a minha imagem. Antes mesmo de ter 18 mil seguidores, eu já tinha 50 seguidores aqui dentro da empresa que saberiam se eu estivesse mentindo ou falando inverdades apenas para atrair atenção. Preciso manter o respeito e a seriedade do meu trabalho dentro da Jarvis, então jamais vou inventar histórias nas redes sociais, nem interpretar um personagem. O que eu falo só acaba virando polêmica quando digo uma verdade que poucos têm coragem de revelar. Quando comento uma prática errada de uma determinada construtora, logo ouço: “Ah, você não pode fazer isso”, “Você não pode falar isso”.

Há algum tempo, preparamos uma série de vídeos, publicada às terças-feiras, chamada *Alerta de Tempestade*. Em cada episódio, falo de uma prática que pode destruir um investimento. São práticas corriqueiras do mercado que deixam o cliente com o alerta ligado. Cheguei até a fazer uma venda, que começou com um pedido de reunião para tirar dúvidas depois de um dos episódios do *Alerta de Tempestade*. Marcamos a conversa, o cliente me apresentou o investimento e eu fiz uma análise para ele. Indiquei e expliquei as falhas no produto e, em seguida, apresentei uma opção do meu catálogo, fazendo uma comparação. O cliente acabou fechando a compra comigo.

Agora, observe o texto de um dos episódios.

> Alerta de tempestade, meus amigos. Hoje, eu não posso nem falar que o tema é polêmico, porque é tão pouco usado que não vai gerar nem debate. Você já ouviu falar sobre patrimônio de afetação? Se não, eu peço que você pause esse vídeo e volte no *feed*, que recentemente eu postei um conteúdo exclusivo sobre patrimônio de afetação. Patrimônio de afetação é a cereja do bolo do pilar de segurança jurídica. É a trava que faltava para você comprar um imóvel na planta, colocar sua cabeça no travesseiro e dormir tranquilo. É um regime tributário criado pela Lei 10.931, de 2004. Com ele, o comprador tem a garantia de que receberá sua unidade autônoma, porque os recursos necessários já foram apartados do patrimônio da incorporadora e serão reservados até o fim. Para isso, é criada uma comissão de representantes que vai fiscalizar e que tem o poder de até assumir a administração do empreendimento em caso de falência ou até mesmo de paralisação das obras por parte da construtora. "Então, espera aí, Lauro, você tá me falando que quem não constrói sob o regime de patrimônio de afetação não vai me entregar a obra?" Longe de mim! Isso não é uma bola que eu tô levantando, até porque se fosse assim não existiriam tantos prédios prontos, né? O que eu tô te falando é que quem constrói sob esse regime te dá garantia de que o seu investimento está seguro, intacto. Por outro lado, a construtora recebe uma redução na carga tributária, o que permite um aumento expressivo da sua margem de lucro, além de outras vantagens na lei do distrato, crédito mais barato... o sonho de todo empresário. É um regime que só traz vantagens, tanto para clientes quanto para incorporadoras, porém vai exigir um alto nível de organização e comprometimento. "Se é tão vantajoso para a construtora, por que a maioria não faz a opção por esse regime?" Então, a partir de hoje, você sabe que não podemos colocar na mesma balança todos os empreendimentos. E quando você for comprar um imóvel na planta, se estiver sob o regime de

> patrimônio de afetação, você sabe que a construtora está em um outro nível de organização, está extremamente comprometida com o seu resultado. E esse compromisso não é porque você é bonitinho e porque ela gostou de você, é porque ela tá sendo beneficiada com menos impostos e uma série de vantagens, o famoso ganha-ganha. Te vejo na próxima semana (Braga, 2024).

Como vídeos geralmente são muito compartilhados, acabou surgindo uma espécie de inimizade com algumas construtoras que fazem exatamente o que descrevo no *Alerta de Tempestade*. Fui removido de alguns grupos, o que só gerou ainda mais repercussão sobre minhas falas e meus questionamentos na cabeça dos clientes. Portanto, você pode concluir que vídeos como esses são relevantes justamente porque demonstram que o seu compromisso é com o cliente, e não com as construtoras.

Landing pages

As *landing pages* são ferramentas um pouco mais avançadas. Parece complicado, mas não é. Basta você buscar os profissionais certos para ajudá-lo nessa tarefa, como um *web designer* ou um gestor de tráfego. Uma *landing page* é usada para direcionar o tráfego de uma campanha para um objetivo específico, como converter o visitante em *lead*, captando informações de contato, e/ou gerar vendas. É mais simples e direta, focada em uma única chamada para ação. Essa ferramenta costuma indicar os clientes mais qualificados, pois exige mais ações do interlocutor em relação às suas postagens. Isto é, se a pessoa chegou até a sua *landing page*, é porque realmente está interessada no que você tem a dizer e no seu produto.

A *landing page* que estou usando como exemplo aqui começa com palavras muito fortes — "Você está perdendo muito dinheiro" —, que podem assustar num primeiro momento (Figura 39). Mas também utilizo expressões que despertam curiosidade, tais como: "É preocupante que ninguém esteja falando sobre isso"; "Estamos cansados de ver clientes e amigos perderem dinheiro por culpa de alguns construtores e corretores que querem empurrar um imóvel a qualquer custo".

Figura 39 – Exemplo de *landing page*.

Fonte: Elaborada pelo autor.

Em seguida, procuro frases que aumentem a curiosidade desse visitante e gerem o gatilho da exclusividade (Figura 40): "Começamos a revelar os segredos que ninguém vai te contar até pegar o seu dinheiro. São erros que passam despercebidos por qualquer pessoa que não seja especialista". Como a maioria do nosso público não é especialista, o visitante acaba impelido a acessar o vídeo disponível.

Figura 40 – Exemplo de *landing page*.

Fonte: Elaborada pelo autor.

Rapidamente, em cerca de três minutos, faço uma breve identificação das práticas erradas do mercado e explico como posso ajudar, afirmando que tenho uma informação de valor que estará em outro conteúdo, mais completo. Para acessá-lo, o visitante precisa clicar no botão "Saiba mais" e deixar seus contatos. Com esses dados, uma segunda *landing page* é desbloqueada e o visitante recebe um vídeo mais completo (Figura 41).

Figura 41 – Exemplo de *landing page*.

Fonte: Elaborada pelo autor.

Essa segunda *landing page* gera um impacto imediato ao afirmar: "Entenda por que estão escondendo essas informações de você". Com a aura de mistério criada por essa frase, você consegue manter o engajamento do visitante no seu conteúdo (Figura 42).

Figura 42 – Segunda *landing page*, desbloqueada depois de passar pela primeira.

Fonte: Elaborada pelo autor.

A página segue com frases que indicam os pontos-chave para quem deseja comprar um imóvel com foco em rentabilidade. Esses pontos nada mais são que elementos dos pilares da alta *performance* que vimos ao longo deste livro (Figura 43).

Figura 43 – Segunda *landing page*, desbloqueada depois de passar pela primeira.

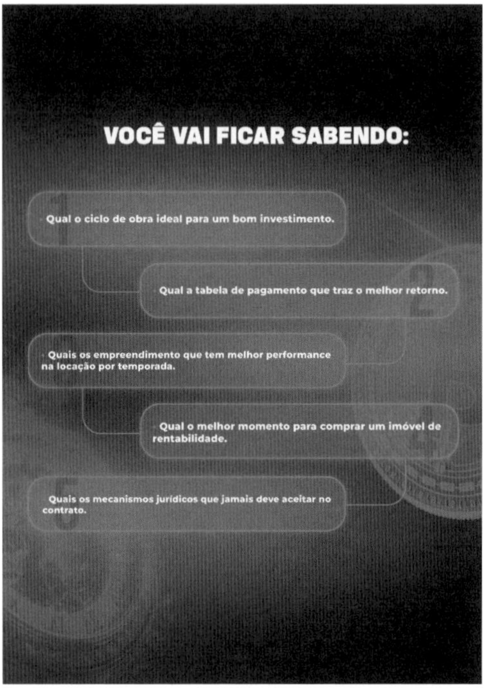

Fonte: Elaborada pelo autor.

"Você vai ficar sabendo: qual é o **ciclo de obra** ideal para um bom investimento. Qual é a **tabela de pagamento** que traz o melhor retorno. Quais são os empreendimentos que têm a melhor *performance* na **locação por temporada**. Qual é o **melhor momento** para comprar um imóvel de rentabilidade. Quais são os **mecanismos jurídicos** que jamais devo aceitar no contrato." Imagine o quão valiosas são essas informações.

Então, disponibilizo um vídeo mais longo, com cerca de 30 a 35 minutos, no qual explico todas as práticas erradas e apresento soluções baseadas nos seis pilares. Ao final, deixo para o cliente algumas opções para poder entrar em contato comigo: agendar uma ligação, enviar uma mensagem diretamente para o meu WhatsApp ou apenas se cadastrar para receber, em primeira mão, notícias sobre os próximos lançamentos que seguem esses pilares (Figura 44).

Figura 44 - Segunda *landing page*, desbloqueada depois de passar pela primeira.

Fonte: Elaborada pelo autor.

Para chegar até essas opções, o cliente precisou passar por algumas etapas: *posts*, um vídeo de três minutos e, depois, um vídeo mais completo de 30 minutos. Então, podemos presumir que esse cliente tem bastante interesse no meu assunto — empreendimentos para rentabilidade — e agora está extremamente qualificado, pronto para figurar na minha base e ser impactado por qualquer produto do meu portfólio, pois ele já recebeu uma quantidade significativa de informações relevantes sobre o mercado imobiliário, o que pode levá-lo a concluir: "Você é o meu professor, me entregando um nível de educação que me faz querer comprar com você".

É importante destacar que também há uma estratégia para evitar que o cliente pule o vídeo e garantir que ele se mantenha engajado até o final, alcançando o topo da pirâmide de vendas. Para isso, usamos vídeos mais curtos, como se fossem chamadas. Veja estes exemplos, mas fique atento para respeitar o seu perfil nesses conteúdos. Eu segui o meu: mais agressivo e direto, a fim de acionar os gatilhos corretos.

> "Fim do silêncio. Vamos te contar os segredos do mercado imobiliário que estão custando muito caro para muitos investidores. Aquilo que ninguém vai te contar até pegar o seu dinheiro. São erros que passam despercebidos por qualquer um que não seja especialista. Nós compramos essa briga com você. Na verdade, estamos te dando um presente para você nunca mais errar na escolha do imóvel. Então clica nesse *link* aqui e entenda por que ninguém está falando sobre isso."

> "Proteja seu dinheiro. Não se deixe enganar pelas armadilhas do mercado imobiliário. Toda hora você é bombardeado por anúncios vendendo oportunidades e, pior, rentabilidades e valorizações absurdas. E quando você faz seis perguntas básicas para saber se o investimento vale a pena, o especialista simplesmente some. Estamos cansados de ver essas práticas e, pior, ninguém fala nada sobre isso. Por isso preparamos uma página detalhando todas as armadilhas para você nunca mais errar na escolha de um imóvel para investimento. Clica nesse *link* e me agradece depois."

> "'Conhecereis a verdade e a verdade vos libertará', João 8:32. Você pode estar até achando que eu estou falando de política, mas na verdade estou falando de mercado imobiliário. Você precisa saber a verdade que ninguém vai te contar até você comprar um imóvel para investimento. E o que é mais preocupante é que ninguém fala nada sobre isso. Então, nós da Jarvis, que não temos rabo preso com ninguém, resolvemos expor para o mercado um passo a passo de como não cair nas armadilhas, nessas oportunidades. Clica nesse *link* aqui e conheça a verdade."

Pronto! Agora você tem uma boa ideia do que fazer: *posts* com conteúdos estáticos, vídeos simples e descomplicados e *landing pages* capazes de gerar, principalmente, o gatilho da curiosidade. Lembre-se de sempre investir tempo na produção desses conteúdos para suas campanhas. Você pode começar com 80% dos anúncios para ofertas de imóveis e 20% para conteúdo. Aos poucos você vai adequando essa proporção. Um bom conteúdo vai proporcionar um alcance cada vez maior da sua marca. Deixe um pouco de lado o imediatismo de conquistar os 3% da pirâmide que já estão prontos para comprar e volte seu olhar, com paciência e perseverança, para os 97% que ainda estão na jornada. Depois de atrair uma parcela desses 97%, as vendas começam a acontecer naturalmente. Conosco, na Jarvis, foi assim. Focamos os clientes em jornada, montamos nossa base, mantivemos essa base aquecida com interação e informação e, nos momentos de ofertas, os clientes foram positivamente impactados e a conversão em vendas foi altíssima.

Figura 45 – Exemplo de desempenho da Jarvis.

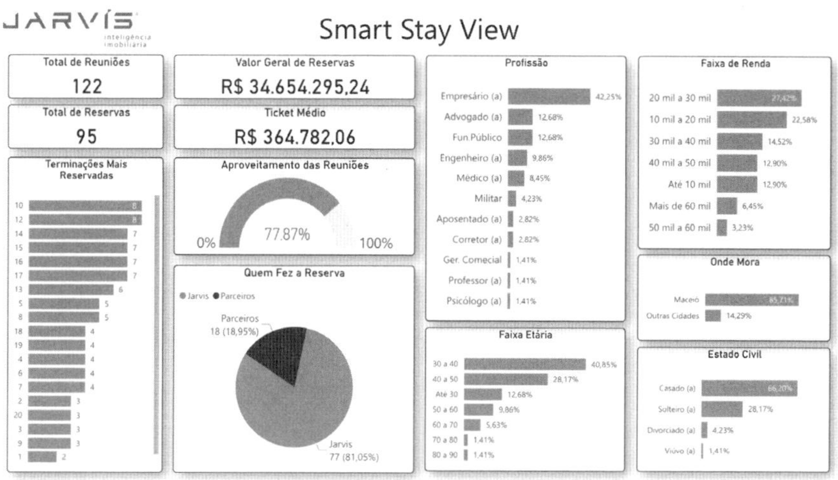

Fonte: Elaborada pelo autor.

A Figura 45 demonstra nosso desempenho em um dos lançamentos que realizamos. Os dados são atualizados em tempo real para garantir que as análises sejam as mais precisas possíveis. Os números não mentem: 77% de conversão é um índice altíssimo. Portanto, é indiscutível que o meu processo funciona.

CONCLUSÃO

Meu amigo ou minha amiga, se você chegou até aqui, é porque percorreu a trilha que levará o seu negócio para o próximo nível. Neste livro, apresentei um conteúdo direto, sem firulas, bem explicado, testado na prática e validado. Depois dessa leitura, tenho certeza de que você está mais que preparado para atingir alta *performance* vendendo imóveis para investidores.

Minha intenção com esses seis capítulos foi inspirá-lo a atuar da melhor forma em qualquer praça do mercado imobiliário contemporâneo. Compartilhei um pouco da minha história e dos desafios que enfrentei e ainda enfrento à frente da Jarvis Inteligência Imobiliária. Dividi com você meu conhecimento e minhas estratégias para surfar bem todas as ondas desse mercado.

Se sua leitura foi atenta e dedicada, você percebeu que o mercado imobiliário não é simples e tem muitas particularidades, mas entendeu também que é possível crescer e prosperar. Procurei treinar seu olhar a fim de que se adiante aos problemas e sempre busque soluções criativas e inovadoras de prospecção, estruturação e nutrição da sua base de clientes. No fim, o que fiz foi propor uma virada de chave, uma mudança de paradigma na sua forma de trabalhar.

Sei que implementar mudanças no nosso negócio e na nossa vida profissional não é tarefa fácil; na verdade, é árdua. Por isso, quero que se lembre do mundo competitivo em que vivemos e tire disso toda a gana para colocar em prática os ensinamentos destas páginas. Saber identificar os ciclos do mercado será o seu escudo, protegerá você e o seu negócio das surpresas e o fará destacar-se da concorrência. Os seis pilares serão suas armas, como superpoderes, para garantir que tenha os melhores produtos. Sua base de clientes, estruturada e nutrida, será a sua fortaleza. Já a sua marca e seu posicionamento nas redes sociais serão a sua voz, a sua palavra forte e verdadeira, que lhe conferirá credibilidade e a imagem de um especialista diante dos seus pares, das construtoras e dos clientes.

É importante lembrar que você não está sozinho. Como você, existe uma infinidade de profissionais estudando e buscando se diferenciar no mercado. Então use o conteúdo deste livro para largar na frente e tomar a dianteira nessa corrida pela alta performance. Mesmo que tudo pareça difícil demais, não desista. Em vez disso, crie as suas oportunidades, busque parcerias sérias e fomente a demanda de que você precisa para girar seus empreendimentos.

Vender para investidores é uma arte, mas uma arte cheia de estratégia. Estratégia se desenha com inteligência, e inteligência se desenvolve com estudo. Espero, sinceramente, que este livro tenha contribuído para o seu crescimento profissional.

Até a próxima!

Se sua leitura foi atenta e dedicada, você percebeu que o mercado imobiliário não é simples e tem muitas particularidades, mas entendeu também que é possível crescer e prosperar.

BIBLIOGRAFIA

BECKER, Clara; ALMEIDA, Gabriela. Como treinar seu algoritmo? *Metrópolis*, 25 abr. 2024. Disponível em: https://www.metropoles.com/colunas/nas-redes/como-treinar-seu-algoritmo. Acesso em: 5 maio 2025.

BELFORT, Jordan. *Os segredos do lobo:* o método infalível de venda do Lobo de Wall Street. 1. ed. São Paulo: Planeta, 2018.

BRAGA, Lauro. *Campanha Smart Stay View*. [*S. l.*: *s. n.*], out. 2023a.

BRAGA, Lauro. *Ativação de clientes da base*. [*S. l.*: *s. n.*], set. 2023b.

BRAGA, Lauro. *Alerta de tempestade*. [*S. l.*], 4 jun. 2024. Instagram: @laurofbraga. Disponível em: https://www.instagram.com/reel/C7zzNhVvh-s/?igsh=cmlwdDZxNmh3bm1q. Acesso em: 4 jul. 2025.

BRASIL. *Lei n. 10.931, de 2 de agosto de 2004*. Dispõe sobre o patrimônio de afetação de incorporações imobiliárias, Letra de Crédito Imobiliário, Cédula de Crédito Imobiliário, Cédula de Crédito Bancário, altera o Decreto-Lei nº 911, de 1º de outubro de 1969, as Leis nº 4.591, de 16 de dezembro de 1964, nº 4.728, de 14 de julho de 1965, e nº 10.406, de 10 de janeiro de 2002, e dá outras providências. Brasília: Casa Civil da Presidência da República, 2004. Disponível em: https://www.planalto.gov.br/ccivil_03/_ato2004-2006/2004/lei/l10.931.htm. Acesso em: 21 fev. 2025.

BRASIL. *Lei n. 4.591, de 16 de dezembro de 1964*. Dispõe sobre o condomínio em edificações e as incorporações imobiliárias. Brasília: Casa Civil da Presidência da República, 1964. Disponível em: https://www.planalto.gov.br/ccivil_03/leis/l4591.htm. Acesso em: 21 fev. 2025.

CARDOSO, Cristiane. Lançamentos imobiliários sobem 13% no país em 2013, aponta estudo. *G1*, Economia, 6 maio 2014. Disponível em: https://g1.globo.com/economia/

noticia/2014/05/lancamentos-imobiliarios-sobem-13-no-pais-em-2013-aponta-estudo.html. Acesso em: 19 fev. 2025.

FERNANDO BRASÃO. *LIVE #54 - Livro Sell Like Crazy – As estratégias que geraram mais de US$400 milhões – Sabri Suby.* 2022. Vídeo (4h06min06s). Disponível em: https://www.youtube.com/watch?v=afNtGufKz1g. Acesso em: 10 mar. 2025.

GOOGLE FINANÇAS. *Ibovespa*. 2025. Disponível em: https://www.google.com/finance/quote/IBOV:INDEXBVMF. Acesso em: 30 jun. 2025.

IDINHEIRO. *Calculadoras*. 2025. Disponível em: www.calculador.com.br. Acesso em: 30 jun. 2025.

KING KONG. 2025. Disponível em: https://kingkong.co/au/. Acesso em: 6 fev. 2025.

LEWGOY, Júlia; GOEKING, Weruska. Coronavírus frusta recuperação do mercado imobiliário. Vale investir no setor? *Valor Investe*, 17 abr. 2020. Disponível em: https://valorinveste.globo.com/objetivo/hora-de-investir/noticia/2020/04/17/coronavirus-frustra-recuperacao-do-mercado-imobiliario-vale-investir-no-setor.ghtml. Acesso em: 20 fev. 2015.

MALAR, João Pedro. Altas da Selic e da inflação impactam compra e venda de imóveis; entenda. *CNN Brasil*, 11 nov. 2021. Disponível em: https://www.cnnbrasil.com.br/economia/macroeconomia/altas-da-selic-e-da-inflacao-impactam-compra-e-venda-de-imoveis-entenda/. Acesso em: 19 fev. 2025.

MERCADO imobiliário cresce menos, mas tem o segundo melhor ano da história. *O especialista*, 27 fev. 2023. Disponível em: https://oespecialista.com.br/mercado-imobiliario-2022-cbic/. Acesso em: 19 fev. 2025.

O AUGE e a queda do mercado imobiliário em uma década. *G1*, Imóveis, 1 abr. 2016. Disponível em: https://g1.globo.com/especial-publicitario/zap/imoveis/noticia/2016/04/o-auge-e-queda-do-mercado-imobiliario-em-uma-decada.html. Acesso em: 19 fev. 2025.

PESQUISA da Brain revela tendências do mercado imobiliário para o final de 2023. *Papo Imobiliário*, 9 nov. 2023. Disponível em: https://www.papoimobiliario.com/pesquisa-da-brain-revela-tendencias-do-mercado-imobiliario-para-o-final-de-2023/. Acesso em: 10 mar. 2025.

ROSAS, Frederico. A 'bolha imobiliária' à brasileira começa a esvaziar. *El País*, Economia, 4 jul. 2014. Disponível em: https://brasil.elpais.com/brasil/2014/06/04/economia/1401906838_892880.html#:~:text=O%20aumento%20dos%20pre%C3%A7os%20m%C3%A9dios,mercado%20se%20adapta%20%C3%A0%20realidade&text=Os%20pre%C3%A7os%20anunciados%20dos%20im%C3%B3veis,-das%20principais%20cidades%20do%20pa%C3%ADs. Acesso em: 19 fev. 2025.

SORIMA NETO, João Sorima. Construção: 20% das empresas que pedem reconstrução no país. *O Globo*, Economia, 13 out. 2016. Disponível em: https://oglobo.globo.com/economia/construcao-20-das-empresas-que-pedem-recuperacao-no-pais-17756977. Acesso em: 19 fev. 2025.

VENDAS de lançamentos de imóveis despencam na cidade de São Paulo. *Folha de S.Paulo*, 8 abr. 2014a. Disponível em: https://www1.folha.uol.com.br/paywall/login.shtml?http://classificados.folha.uol.com.br/imoveis/2014/04/1437678-vendas-e-lancamentos-de-imoveis-caem-na-cidade-de-sao-paulo.shtml. Acesso em: 19 fev. 2025.

VENDAS caem, mas preços de imóveis seguem em alta. *Agora São Paulo*, Grana, 8 jun. 2014b. Disponível em: https://agora.folha.uol.com.br/grana/2014/06/1466961-vendas-caem-mas-precos-de-imoveis-seguem-em-alta.shtml. Acesso em: 19 fev. 2025.

ANOTAÇÕES

ANOTAÇÕES

EDITORA
CHAVE MESTRA®

Instagram: @editorachavemestra

E-mail: editora@editorachavemestra.com.br

Site: www.editorachavemestra.com.br